中国粮食生产变化与经营主体种植意愿研究

宋莉莉　王国刚　李　丹 ◎ 著

中国农业科学技术出版社

图书在版编目（CIP）数据

中国粮食生产变化与经营主体种植意愿研究／宋莉莉，王国刚，李丹著. -- 北京：中国农业科学技术出版社，2021.11

　　ISBN 978-7-5116-5562-2

　　Ⅰ.①中… Ⅱ.①宋…②王…③李… Ⅲ.①粮食-生产-研究-中国②农户-种植-影响因素-研究-中国 Ⅳ.①F326.11

中国版本图书馆 CIP 数据核字（2021）第 222134 号

责任编辑	穆玉红　李美琪
责任校对	马广洋
责任印制	姜义伟　王思文

出 版 者	中国农业科学技术出版社 北京市中关村南大街 12 号　邮编：100081
电　　话	（010）82106626(编辑室)　（010）82109702(发行部) （010）82109709(读者服务部)
传　　真	（010）82106626
网　　址	http://www.castp.cn
经 销 者	各地新华书店
印 刷 者	北京建宏印刷有限公司
开　　本	170 mm×240 mm　1/16
印　　张	8.25
字　　数	160 千字
版　　次	2021 年 11 月第 1 版　2021 年 11 月第 1 次印刷
定　　价	45.00 元

版权所有·翻印必究

前　言

民为国基，谷为民命。粮食事关国运民生，粮食安全是国家安全的重要基础。全面建成小康社会，推动经济社会健康持续发展，必须高度重视粮食生产，把14亿人的"饭碗"牢牢端在自己手里，解决并维护好粮食经营主体持续种植意愿。在全球市场一体化、粮食生产趋向规模化、粮食经营多元化的现代农业发展中，我国的粮食安全仍面临着生态资源约束趋紧、供需结构性风险突出、青壮年劳动力流失、耕地撂荒严重、粮食生产抗风险能力低下、农户的持续经营意愿容易受挫等问题。因此，研究我国粮食生产的特征变化，以及解决粮食经营主体面临的现实困难和问题已成为当务之急。

本书在基础理论指导下，从我国粮食种植变化、粮食经营主体生产资料投入情况以及粮食经营主体成本收益等方面，深入研究我国粮食生产变化及粮食经营主体种植行为，准确把握我国粮食生产特征及粮食经营主体的种植行为特征；总结新时期我国粮食生产在宏观经济形势下所面临的主要风险与问题；以山东为例，从经营情况、生产资料投入、生产成本收益的角度对我国粮食经营主体种植现状进行研究。通过采取随机抽样调查方式，对山东省德州市陵城区、临邑县为代表的黄淮海粮食主产区粮食经营主体做系统调研分析，其土地规模在100~300亩*规模经营户的生产收益

---

*　1亩≈667平方米，15亩=1公顷，全书同

最高，经营户的受教育程度、上年规模情况、小麦亩均收益和参加农技培训对经营主体持续种植行为具有显著影响。另外，对经营主体的持续种植意愿做描述性统计分析，由个体特征、生产情况和政策环境来分析不同规模经营主体持续经营意愿，通过 Logit 模型分析结果表明年龄、兼业化、家庭收入、土地流转、对补贴满意度、信息获取方式和参加合作社对粮食经营主体持续种植意愿具有显著影响。

基于以上结论，研究从确保粮食安全、充分调动粮食经营主体积极性的角度，提出推进土地流转和适度规模经营，深入落实"藏粮于地、藏粮于技"战略实施，培养适应新时代新型粮食经营主体，统筹调整粮食产业区域布局，完善补贴保障与风险防控政策措施，完善国内外粮食监测预警体系建设等政策建议，实现粮食经营主体增产增收，保障和维护国家粮食安全。

感谢中国农业科学院农业经济与发展研究所各位领导与同事对本书的研究和出版给予的大力支持，感谢中国农业科学技术出版社的编辑老师为本书的出版付出的辛勤劳动。由于时间仓促，加之笔者学识有限，本书中如有纰漏之处，敬请读者批评指正。

作　者

2021 年 10 月

目　录

第1章　引　言 ……………………………………………………… 1
　1.1　研究背景 ……………………………………………………… 1
　1.2　研究目的及意义 ……………………………………………… 5
　1.3　研究方法和内容 ……………………………………………… 6
第2章　理论基础与文献综述 ………………………………………… 9
　2.1　理论基础 ……………………………………………………… 9
　2.2　国内外研究综述 ……………………………………………… 11
第3章　我国粮食生产特征分析 ……………………………………… 18
　3.1　我国粮食种植变化分析 ……………………………………… 18
　3.2　粮食经营主体生产资料投入概况 …………………………… 25
　3.3　粮食经营主体成本收益分析 ………………………………… 27
第4章　我国粮食生产增长方式变化分析 …………………………… 33
　4.1　粮食生产各因素贡献率的测度方法 ………………………… 33
　4.2　面积和单产贡献率的结果和讨论 …………………………… 36
　4.3　各作物种植结构调整的结果和分析 ………………………… 40
第5章　我国粮食生产效率及竞争力变化分析 ……………………… 43
　5.1　我国粮食生产效率变化分析 ………………………………… 43
　5.2　我国粮食国际竞争力变化分析 ……………………………… 46
第6章　我国粮食生产面临的风险与问题 …………………………… 50
　6.1　我国粮食生产面临的主要风险与问题 ……………………… 50
　6.2　暴发期新冠肺炎疫情对我国粮食生产整体形势的影响判断 …… 54
第7章　我国粮食经营主体种植现状研究
　　　　　——以山东省为例 ……………………………………… 57
　7.1　我国粮食生产经营主体概况 ………………………………… 57

  7.2 山东省粮食经营主体概况 ……………………………………… 58
  7.3 山东省粮食种植现状 …………………………………………… 60
  7.4 山东省粮食经营主体成本收益分析 …………………………… 68

第8章 我国粮食经营主体种植行为影响因素研究
     ——以山东省为例 ………………………………………… 72
  8.1 研究区选择及数据来源 ………………………………………… 72
  8.2 粮食经营主体种植行为描述性分析 …………………………… 74
  8.3 粮食经营主体种植行为影响因素实证分析 …………………… 81

第9章 我国粮食经营主体持续种植意愿实证分析
     ——以山东省为例 ………………………………………… 85
  9.1 粮食经营主体持续种植意愿统计分析 ………………………… 85
  9.2 粮食经营主体持续种植意愿描述性分析 ……………………… 86
  9.3 粮食经营主体持续种植意愿影响因素实证分析 ……………… 90

第10章 韩国、日本农业经营主体变迁及启示 ………………………… 95
  10.1 韩国农业经营主体变迁 ………………………………………… 96
  10.2 日本农业经营主体变迁 ……………………………………… 101
  10.3 日韩农业经营主体的变迁对我国的经验启示 ……………… 109

第11章 政策建议 ………………………………………………………… 113
  11.1 推进土地流转和适度规模经营 ……………………………… 113
  11.2 深入落实"藏粮于地、藏粮于技"战略 …………………… 113
  11.3 培养适应新时代的新型粮食生产经营主体 ………………… 114
  11.4 统筹调整粮食产业区域布局 ………………………………… 114
  11.5 完善补贴保障与风险防控政策措施 ………………………… 115
  11.6 完善国内外粮食监测预警体系建设 ………………………… 115

参考文献 …………………………………………………………………… 116

第 1 章 引　　言

1.1　研究背景

粮食生产是关系国计民生的大事，它不仅是社会安定和谐的"稳定器"，也是国民经济持续健康发展的"风向标"。中华人民共和国成立后，国家始终把解决人民吃饭问题作为治国安邦的首要任务。70多年来，在中国共产党领导下，经过艰苦奋斗和不懈努力，国家在农业基础十分薄弱、人民生活极端贫困的基础上，依靠自己的力量实现了粮食基本自给，不仅成功解决了近14亿人口的吃饭问题，而且居民生活质量和营养水平显著提升，粮食安全取得了举世瞩目的巨大成就。

进入中国特色社会主义新时代，以习近平同志为核心的党中央，根据国际国内环境，特别是我国发展条件和发展阶段的变化，做出了重大判断和科学决策。党中央始终把粮食安全作为治国理政的头等大事，确立了"立足国内、以我为主、适度进口、科技支撑、确保产能"的粮食安全战略，提出了"确保谷物基本自给、口粮绝对安全"，坚持"藏粮于地、藏粮于技"，实行最严格的耕地保护制度，走出了一条中国特色粮食安全之路（冯维江，2019）。但与此同时，我国的粮食安全同样面临着严峻的挑战，不仅包括一直存在的成本持续推高、种粮收益下降、科技含量不高、支持保护政策空间变小等问题，还包括新时期居民消费升级后对健康营养食物需求产生的供需结构不平衡矛盾（芦千文，2020），以及我国粮食品种与区域间供需矛盾和因农业资源约束导致的粮食生产布局与资源禀赋不匹配等问题（王晓君等，2020）。党的十九大报告指出"确保国家粮食安全，把中国人的饭碗牢牢端在自己手中"。显然我们的饭碗如何牢牢端在自己手中，谁来种粮、怎么种粮、种什么粮，仍是值得我们思考的问题。

1.1.1 改革开放以来我国粮食生产水平不断提升

改革开放40年来,我国粮食总产量从1978年的30 476.5万吨增加到2020年的66 949万吨,连续6年保持在这一水平以上。我国的人均粮食占有量从1978年的316.6公斤(1公斤=1千克)上升到2020年的474公斤,增长了49.7%。在新冠肺炎疫情、洪涝灾害等冲击下,2020年全国粮食生产再获丰收,且产量创历史新高,这样的成绩来之不易。

粮食生产实现"十七连丰",这为确保国家粮食安全及应对各种风险挑战提供了坚实支撑。经过40多年发展,我国14亿人在满足基本温饱需求的同时,对粮食生产与供给的紧迫性、必要性概念逐渐淡漠,特别是农村新生代,"逐利拈轻"倾向明显,弃农务工、弃农经商,耕地撂荒、空壳村庄问题由南到北比比皆是,粮食经营主体渐趋老龄化、稀缺化。另外,我国城乡就业人员总数从1978年的40 152万人增加至2020年的75 064万人,增长87%。一产、二产、三产就业人数占比从1978年的70.5%、17.3%、12.2%调整为23.6%、28.7%、47.7%。从我国对就业结构的全面优化中可以看出,农业从业人员数量大幅度减少,粮食经营主体结构需要高度重视,须以党和政府的政策思想为指导,从理论和实践两个层面分别入手,培育和创新我国新型的粮食经营主体体制。

改革开放以来的探索和实践,奠定了我国良好的粮食生产基础,也积累了丰富的理论经验。进入新时代发展,以习近平总书记提出的以粮食安全为重心的系列讲话为指导,贯彻实施以人民为中心的发展思想和绿色、环保、健康、可持续的粮食安全发展观,仍有一系列需要高度关注并切实解决的矛盾和问题。诸如:人民日益增长的对美好生活的需求与粮食生产发展不平衡不充分的矛盾,供给侧与需求侧的矛盾,市场整体竞争力与产出效益倒挂之间的矛盾,对风险防控体系进行健全完善、生产经营主体动能挖掘以及粮食主体持续经营生产理念与潜力的养成等。

1.1.2 国际国内形势发生重大变化及中美贸易摩擦现象加剧

根据2021年《世界粮食安全和营养状况》报告统计,2020年全球近1/10的人口仍面临食物不足的困境,超过一半的营养不足人口(4.18亿)生活在亚洲。与此同时,随着国际冲突和贸易摩擦持续加剧,世界正面临 70 年来最严重的粮食安全危机。现阶段，受地区和国家内部冲突影响，世界粮食安全问题日益突出，中亚、尼日利亚东北地区、索马里、南苏丹、也门等战乱和内部冲突不断，粮食不安全状况日益严峻。

粮食是国家的战略物资，仅从经济角度来看是远远不够的，粮食安全问题要上升到国家的政治问题、战略问题的层面。我国始终高度关注粮食生产安全问题，从"以粮为纲、全面发展"，到现在的"藏粮于地、藏粮于技"战略以实现"谷物基本自给、口粮绝对安全"。2020年中央一号文件指出"确保粮食安全始终是治国理政的头等大事。粮食生产要稳字当头，稳政策、稳面积、稳产量"。因此，粮食生产是保障社会、稳定民心的战略性产业，在国民经济结构中占据着重要的地位。保障粮食的持续生产和供给，解决我国数十亿人的基本温饱，是目前我国社会经济发展过程中所面临最重要的问题。另外，保障和满足工业产品的原料供应和国际国内市场流通需求，也是国家经济发展的必要条件。更为重要的是，粮食生产关系我国居民的充分就业和农民的持续增收。当前，国际国内形势发生重大变化，导致世界粮食生产与市场供求严重失衡，呈现局部生产供给饱和而总体不足的矛盾。促使我们不得不重新思考和定位多重目标下的粮食安全观的战略重点转向（彭超、刘合光，2020）。以欧美等发达国家为代表，他们的现代农业生产经营体系较为完善，供过于求，对本国的粮食市场有决定权和定价权，而亚非拉及南美部分国家和地区的发展中国家，尚处于传统农业转型阶段，加之人口体量较大，严重存在生产不足和市场过度依赖问题。另外，美国政府打着"美国优先"旗号，在国际上挑起一拨又一拨贸易摩擦，加大了粮食安全防控风险，中美贸易摩擦在粮食市场供求关系上表现尤为明显。新时期如何有效利用国际国内"两个市场、两种资源"，构建完善的粮食安全内需体系，是当前亟待解决的重大战略性问题。

1.1.3 国家大力支持粮食经营主体发展和创新

自21世纪以来，党和政府连续发布了18个关于支持"三农"的中央一号文件，不断加大对粮食生产的政策支持力度，激发和调动粮食经营主体的积极性和创造性。从2004年开始确立建设现代农业"促进农民增收，关心农民，支持农业"的重大任务，在2013年首次提出家庭农场的概念，大力推进构建新型农业经营体系的战略方案，到十八大中提出

"加快发展现代农业,增强农业综合生产能力,确保国家粮食安全和重要农产品有效供给"等系列指导意见,我国对于推进粮食生产发展的方向越来越明、目标越来越清、路径越走越宽、措施越来越实。特别是党的十八大以来,以习近平同志为核心的党中央确立了以人民为中心的战略思想,从战略高度指明了确保粮食安全的重要性。习近平总书记指出,发展多种形式适度规模经营,培育新型农业经营主体,是建设现代农业的前进方向和必由之路。加快培育发展新型农业经营主体和服务主体是一项重大战略,对于推进农业现代化、实现乡村全面振兴意义重大。

根据全国第三次农业普查数据整理,截至2016年年底,全国共有20 743万农业经营户,其中,398万规模农业经营户,仅占1.92%。我国持续加大农业技能培训,推进职业能力建设,使农村新型经营主体和服务主体大量涌现,农业经营单位规模和数量变化的原因是农业合作社数量大幅度增加。随着我国新型农业经营主体规模的不断扩大,我国农业生产逐渐向规模化和专业化方向发展。据第三次全国农业普查数据,我国规模农业经营户和农业经营单位的实际耕地面积占全国耕地总面积的28.6%,2015年由新型农业经营主体所创造的农业产值大约为6 868.2亿元,占全国农业产值的6.41%。另外,我国持续推进科技应用和成果转化,粮食生产的科技水平大幅度提升,农机具的运用广泛,粮食生产的劳动强度有了极大的改善,规模化大生产趋势逐渐形成。目前,农业科技进步贡献率超过60%,主要农作物耕种收机械化水平超过70%,为农业农村经济社会发展取得历史性成就做出了巨大贡献。

当前我国新型农业经营主体和服务主体培育虽取得显著成效,但依旧存在发展不平衡、不充分、实力不强等问题,难以满足乡村振兴和农业农村现代化的要求。从自身发展水平看,基础设施落后、经营规模偏小、集约化水平不高、产业链条不完整、经营理念不够先进等问题依然存在。发展区域性不平衡问题比较突出。从外部环境看,各类新型农业经营主体和服务主体融资难、融资贵、风险高等问题仍然突出,财税、金融、用地等扶持政策不够具体,倾斜力度不够,各地农业农村部门指导服务能力亟待提升。因此,在农业供给侧改革不断推进、经济增速放缓的背景下,需推进农业生产经营领域的产前、产后的延伸和纵向一体化,解决未来"谁来种地""地怎么种"等问题,推进粮食生产实现高质量发展,转变农业经营方式,研究和培育多种形式的粮食经营主体,促进农户增收将是本研究探讨的重点。

1.2 研究目的及意义

1.2.1 研究目的

本研究基于经济学理论，深入研究我国粮食生产变化及粮食经营主体种植行为及意愿，准确把握我国粮食生产特征及粮食经营主体的种植行为特征，分析我国粮食生产增长方式变化中各要素的贡献率，探讨我国粮食经营主体的发展前景和经营主体持续经营的意愿选择，总结新时期我国粮食生产在宏观经济形势下所面临的主要风险与问题，为新时期保障粮食安全奠定基础。具体研究目的包括如下。

第一，从测算各因素贡献率角度分析我国粮食增长方式变化。以小麦为例采用随机前沿分析法对我国粮食生产效率测算，分析我国粮食国际竞争力，为进一步优化我国粮食种植结构及提升生产效率和国际竞争力提供科学参考。

第二，基于成本投入的视角，根据实地调查数据，研究分析粮食经营主体的种植行为和影响种植决策的因素。

第三，以样本调查研究结果为依托，对比分析粮食规模经营户和普通农户持续种植意愿的相关特征，采用 Logit 模型，选取影响粮食经营主体持续种植意愿的相关因素进行实证回归分析。

1.2.2 研究意义

粮食安全事关国计民生以及社会和谐稳定，粮食生产、粮食安全离不开经营主体，这是农业经济研究的主线问题。现阶段，适应特色中国社会主义新时代新要求，推动粮食生产实现高质量发展，理应重视和全力做好粮食经营主体持续经营意愿和成因分析这一课题，为国家政策引导提供理论支持。

本研究有以下三方面意义。

一是为解决粮食生产高质量发展问题提供新思路。研究梳理了我国粮食生产变化以及对粮食经营主体种植行为和意愿的影响因素进行比较分析，对各个因素的影响力做出客观的反映，并为解决粮食生产现实困难问题提出一些可行的对策建议。

二是提升新时期我国粮食生产效率与国际竞争力。研究以小麦为例研究我国粮食的生产效率及国际竞争力，为提升粮食生产效率和国际竞争力提供积极有效的参考。

三是密切联系县区、村镇等基层单位的社会现实，认识并解决粮食经营主体持续种植能力问题，推动我国粮食产业高质量发展。

1.3 研究方法和内容

1.3.1 研究方法

研究主要以国家统计局数据和山东省临邑县、临城区粮食经营主体的调研数据为基础，基于农户行为理论、生产经济理论、规模经济理论、资源配置理论和农业可持续发展理论等作为理论基础指导，并通过对不同规模农户种植行为进行对比，考察不同规模粮食经营主体种植行为和意愿的影响因素特征。主要研究方法包括如下。

（1）文献综述法：通过对粮食经营主体、生产规模、生产行为、生产成本和生产意愿的相关文献进行阅读和整理，并对其进行了研究分析，根据目前相关研究的进展现状，确定研究思路及研究框架。

（2）实地调研和问卷调查法：通过实地调查、发放问卷、咨询专家、电话回访等方法，获得关于粮食经营主体种植的一手资料，通过筛选和整理，分析粮食经营主体行为意愿的影响因素和动力机制，并提出基于农户行为相应的新型经营主体体制。

（3）比较分析法：研究将粮食经营主体按照土地规模的大小进行分类，分为大规模农户、中等规模农户、小规模农户和普通农户，对四类不同规模农户的投入行为特征进行对比分析，在此基础上研究不同规模粮食经营主体的种植行为和意愿的差异。

（4）实证分析法：结合调研数据情况，从个体特征、生产状况和政策环境三个方面分析可能影响经营主体种植行为和意愿的影响因素，运用 Logit 模型进行实证分析，得出影响粮食经营主体种植行为和意愿的主要因素。

1.3.2 研究内容

第一部分，引言。主要论述的研究背景、研究目的与意义、研究方法和研究内容等。

第二部分，理论基础与文献综述。提出与本研究相关的理论基础和文献综述。理论研究包括农户行为理论、生产经济理论、规模经济理论资源配置理论以及农业可持续发展理论等进行经济学分析。文献综述主要对国内外粮食经营主体、粮食种植行为及意愿以及粮食生产效率等研究进展进行总结和评价。

第三部分，我国粮食生产特征分析。从我国粮食种植变化、粮食经营主体生产资料投入情况以及粮食经营主体成本收益等对我国粮食生产特征进行分析。

第四部分，我国粮食生产增长方式变化分析。粮食种植面积的扩大、单产的提高以及种植结构调整等因素都是促进粮食生产持续增长的重要原因。本部分将粮食增产的贡献因素分解为粮食单产的提升、播种面积的增加以及种植结构调整，并对三者的贡献率进行测度。

第五部分，我国粮食生产效率及竞争力变化分析。采用随机前沿分析法，以小麦为例对我国粮食生产效率及竞争力变化情况进行测算；运用国际市场占有率（World Market Share，WMS）、贸易竞争力指数（Trade competitiveness，TC）和显示性比较优势（Revealed Comparative Advantage，RCA）三个指标，对中国以及其他5个世界主要小麦出口国（经济体）欧盟、俄罗斯、加拿大、美国和乌克兰的国际贸易竞争力进行比较分析。

第六部分，我国粮食生产面临的风险与问题。结合第三、第四和第五部分内容，深度分析我国粮食生产面临的主要风险与问题。

第七部分，我国粮食经营主体种植现状研究。以山东为例，从经营情况、生产资料投入、生产成本收益的角度对我国粮食经营主体种植现状进行研究，为下文分析研究区内粮食经营户种植行为情况奠定基础。

第八部分，我国粮食经营主体种植行为影响因素研究。首先对为什么选择山东临邑县和陵城区进行概述，并对研究区内经营主体的主体特征、生产投入行为及成本收益进行分析测算。采用多元线性回归模型，选取粮食经营主体种植行为的相关因素进行赋值，对种植行为的影响因素做显著性分析。

第九部分，我国粮食经营主体持续种植意愿实证分析。对研究区内不同规模经营主体粮食持续种植意愿的总体情况描述统计分析，以及主要影响因素与持续种植意愿之间的描述统计分析，再建立 Logistic 逻辑结构计量模型，对模型进行说明，在此基础上研究粮食经营主体持续种植意愿及其影响因素。

第十部分，发达国家农业经营主体变迁及启示。梳理了韩国、日本农业经营主体的变迁过程及特征，并提出对我国农业经营主体发展的经验启示。

第十一部分，政策建议。根据上述的理论基础、描述性分析、实证研究和经验启示提出相关的政策建议。

第 2 章 理论基础与文献综述

2.1 理论基础

2.1.1 农户行为理论

农户行为是农户在农村进行经营活动和种植行为时采取的各种决策选择和变更行为，农户行为包括生产行为和消费行为。本研究中主要强调粮食经营主体的种植行为，指经营主体在一定的经济结构、资源条件下，通过选择经营方向、种植规模和生产方式，为达到一定的生产目标而进行的一系列的经济活动。本研究中的种植行为还包括经营投入、种植选择、资源利用、政策认知等，经营投入行为是经营主体在粮食种植过程中的土地投入、资本投入和劳动力投入。种植选择行为主要包括种植规模的选择、土地管理和资本投资。资源利用行为是指经营主体在种植过程中通过某种工具或者智慧将能为生产提供服务的物质、信息进行改造力。政策认知行为主要是指粮食经营主体在种植过程中对补贴、政策和价格的认知能力。

2.1.2 生产经济理论

农业生产经济学是研究在农业生产中的资源利用、生产合作、规模经营等问题。Frank Ellis（1992）指出，农业生产决策的主要理论基础是新古典农业生产经济学。新古典经济学的核心思想是，农业经营主体可以改变生产投入和产出的规模和类型，由农业经营主体自身决定种植结构、劳动力投入、要素投入情况等，农业经营主体的生产决策能力主要体现在对农业投入与产出关系的平衡能力上。

首先，农业经营主体应该考虑要素与投入产出二者之间的关系，要素关系是通过投入产出所表现出的函数关系，不同的产出水平又是由不同的投入水平所决定的。其次，农业经营主体需考虑要素与要素之间的关系，换句话说，通过生产的产出从而决定如何分配投入要素。因此，这种关系也称为生产方法或生产技术。最后，农业经营主体在生产时也要考虑产品和产品之间的关系，也就是说，在有限的规模和资源条件下，决定了农业经营主体的生产经济结构，这种关系也称为业务选择。现实中，农业经营主体的生产目标是多种多样的，例如，获得长期稳定的收入，满足经营主体的生产消费需求等。同时，经营主体也面临着在不同的资源约束下，如耕地面积小，劳动力短缺、资金不足，土地租赁权利缺乏保障等相关因素制约经营主体的生产发展。因此，通过对农业生产经济相关理论进行梳理分析，有助于本研究开展对农业生产投入方面的研究，使经营主体的粮食收益得到有效保障，为我国其他区域农业农村发展奠定坚实后盾。

2.1.3 规模经济理论

作为经济学的基本理论之一，规模经济理论主要阐述和研究在经济活动中各要素通过不同的组合方式来获得利益的情况，也就是说，研究不同规模条件下生产要素的合理配置和效益的最大化。在理想的完全竞争市场中，过小的粮食生产经营规模往往导致粮食生产效率低下，扩大粮食生产经营规模能不断获得规模效应（李轩复、黄东等，2019），但我国粮食生产实践表明，农户间受教育程度、决策能力与投入产出水平的不同存在较大异质性（张朝华，2019），进而导致耕地规模经营存在差异。加之我国区域跨度大，造成各区域的地理环境和种植环境差异较大，而生产要素的投入作为农业生产过程中的关键，只有通过不断优化其配置，带动要素利用率的不断提升，才能引领我国农业走上可发展的道路。因此，本研究按规模大小将经营主体划分为四类，通过不同规模条件来研究分析经营主体的农业生产活动，将规模经济理论应用于经营主体粮食种植行为和意愿。

2.1.4 资源配置理论

资源配置是指资源的稀缺性决定了任何一个社会都必须通过一定的方式把有限的资源合理分配到社会的各个领域中去，以实现资源的最佳利用，即用最少的资源耗费，生产出最适用的商品和劳务，获取最佳的效益。资源配置即在一定的范围内，社会对其所拥有的各种资源在其不同用途之间分配。资源配置的实质就是社会总劳动时间在各个部门之间的分配。资源配置合理与否，对一个国家经济发展的成败有着极其重要的影响。一般来说，相对有限的资源如果能够得到最优化的配置，经济发展速度就会加快经济效益就明显提高；否则，经济发展就会受到限制，经济效益就不会得到提升。

2.1.5 农业可持续发展理论

保持持续稳定的粮食生产，不仅关系到全体人民的温饱，更关系到国家的稳定和社会的和谐。农业可持续发展的核心任务就是不断推进高效农业的发展，其主要包括三个方面的内容：首先，顺应市场需求，遵循经济规律，以科技进步为依托，带动生产力要素组合优化调整；其次，以自然人文资源开发为契机，促进产业结构优化升级；最后，以资源利用率提升为核心，加快农业现代化发展步伐，带动农民就业，促进农民增收（温铁军，2001）。因此，本研究按照农业可持续发展理论，基于我国人口总量大的现实背景和我国农业可持续发展目标基本实现的前提下，在后文的研究中，只有保障粮食持续生产能力，才能确保国家粮食安全稳定，这也是中国农业在目前条件下必须要实现的首要目标。

2.2 国内外研究综述

2.2.1 关于粮食经营主体的概念及类型的研究

本研究所界定的粮食经营主体主要是指那些参与粮食生产活动的农户、经营单位和有关机构组织。以家庭为经营单元的小农经济是传统农业的主要形式，然而，伴随着近些年政府支农力度的不断加大，尤其是不断增加对粮食生产方面的补贴和支持，促使规模经营户作为一种新型粮食经营主体的产生。陈洁（2012）研究发现，由于农村劳动力不断流失以及农业从业人员年龄老化严重，造成从事粮食生产活动的专业劳动力供给严重不足，只有培育出专业种粮大户和规模经营户才能解决粮食安全问题。本研究中将当前的粮食经营主体划分为两类，一是普通农户，二是规模经营户。

(1) 普通农户

从国内外对普通农民概念和类型的研究界定来看，将普通农户定义为以家庭为基础的，通过家庭劳动力从事农业生产的一种组织形式（卜凡达、韩喜平，2003），并且农民是具有农村户口和农村土地承包经营权（杨军，2011）。

从类型划分中来看，有学者将普通农户划分为三类，一是职业农户，二是区位农民，三是身份农民。其中，职业农民是自动选择农业作为职业，其收入完全来自农业经营生产。在我国集体农业制度解体后，家庭联产承包责任制赋予了农民在农业生产中新的身份，成了社会经济系统中的基本单位（史清华，1999）。白树杰（2011）通过将农民划分为名义农民、兼业农民和职业农民研究发现，名义农民和兼业农民的主要目的已不再是粮食种植，也不必再向社会供给商品粮，导致其生产重要性逐渐降低。而朱颖（2012）则从农民种粮收入减少并最终导致总收入减少的方面，阐述了兼业农民产生的必然性。

因此，本研究中的普通农户是指以个人的劳动投入和生产资料投入为基础，劳动成果归个人所得的一种规模较小的粮食生产的经营形式。主要包括一些种粮散户和部分种粮规模不足 50 亩的粮食专业户。普通农户的主要特征包括：参与农业生产的劳动力主要来自家庭内部；农业产出是其生存的主要保障；农业生产效率低。由于普通农户的这些特征以及农村落后的现实情况，最终导致农户不能做出有效的生产决策。

(2) 规模经营户

目前，国内的专家学者对规模经营户的定义普遍为，以土地转入为主要方式获得土地经营权的生产经营主体，主要包括种粮专业大户、家庭农场、农民合作社和农业龙头企业。鉴于在经济状况、家庭人口和职业方面农户所表现出的差异性，那些转入土地的经营户对耕地表现出更高的价值认知和依赖程度，使得他们放弃耕地的意愿更低（刘同山、牛立峰，2014）。规模经营户作为新一代资源集聚和创新农业生产力的经营主体，它的特点是集企业管理、工厂经营、公司管理及专业生产于一体，再次证明了其产生和发展的必然性。

对于规模经营户类型划分的研究中，有专家学者把农户分为小规模、中规模、大规模三类（李岳云，1999）。相关研究表明，受市场经济、地理位置和土地流转因素的影响，不同规模经营主体的种植行为差异明显，其中小规模经营的农户在商品粮生产效率、市场应变能力、资金投入以及农业技术的创新推广方面存在着不足，大规模农户和新型农业经营主体对农地需求更大（金媛、林乐芬，2015）。根据我国农村农业部对规模经营户的定义，规模经营户主要以商品化经营为主的农业经营户，其中种植业规模经营户是指在一年一熟制地区种植农作物的耕地面积达到 100 亩及以上、一年二熟及以上地区种植农作物的耕地规模达到 50 亩及以上、设施农业的设施占地面积 25 亩及以上。

因此根据以上研究，基于研究区内的生产水平及经济发展状况，本研究所研究的规模经营户应当具备以下四个方面的条件：首先是以承包或者租赁的方式获得的耕地面积高于 50 亩；其次是在家庭总收入中，农业收入占比超过一半；再次是农业科技和农业机械化被广泛应用于生产过程；最后是其享有土地经营权和产出农产品的处置权，能够独立应对市场化风险和自负盈亏。

2.2.2 关于农户经营规模与生产效益的研究

农业规模经营有助于提升农业生产力水平，杨国玉、郝秀英（2005）认为，现有的家庭联产承包责任制限制了农业生产的集约化水平和技术水平的提高，再加上农民普遍较低的文化素质，使得规模经营成为我国农业可持续发展的必然选择。李忠国（2005）基于世界农业发展的研究发现，为了满足生产力的发展要求，一国生产规模的水平应该与该国的技术与经济水平保持同步发展，俞敬忠（1994）基于欧美国家的农业发展研究得出，规模生产的发展有助于劳动生产率的提升，有助于加快农业朝着产业化和市场化的方向发展，最终带动农民收入增加。

关于农业生产成本和农民生产效益等方面研究，我国目前处于工业化快速推进与小农户分散生产相互矛盾的阶段，推进大规模的现代农业生产是促进工农业协调发展的必由之路（韩俊，1998）。尤其是我国小农生产所造成的农业生产成本较高是我国农产品缺乏国际竞争力的主要原因，所以为了增强我国农产品的国际竞争力，必须努力推进农业规模化生产进程（梅建明，2002）。一些学者研究发现，虽然农业的规模化经营有利于农民收入的提高，但是也会增加农业的生产成本（黄祖辉，1999；王科海，2005）。由于农业所具有的弱质性特点，使得农业生产并不适用于规模经济，并且还存在着大量规模不经济现象（普罗斯特曼等，1996）。从现实情况来看，我国土地制度的不健全才是农业发展的问题根源，盲目的扩大农地规模并不能真正解决农业发展所面临的问题（王诚德，1989）。刘振滨（2014）基于不同省份的研究发现，农业规模成本的高低在经济是否发达的省份上表现出较大的异质性，规模经营是否不利于农业生产成本的降低具有不确定性。而罗必良（2004）研究发现，小规模的农业生产更有利于农业生产成本的降低。刘凤芹（2006）基于调查研究发现，相比于传统形式的小农生产，农业单位产量和全要素生产率的优势并没有通过农业的规模化经营表现出来，高进云、周智（2010）通过对湖北省农民流转土地前后福利变化的研究发现，土地流转仅仅提升了农民的居住条件，而农民的心理状况和生活环境，以及人际交往等都受到不同程度的负面影响。

2.2.3 关于农户种植行为的研究

农户的种植行为受多方面影响。国内学者认为资本投入、生产收入和农作物亩均收益是农户在决定进行生产时首先考虑的因素，粮食价格和生产技术的创新对农户的粮食种植行为产生正相关影响（李跃云，2010；蒋乃华，2001；张海阳，1997；宋宏远，2005）。另外，政策信息、农户的种植观念、生产习惯、运输成本等外部环境因素都会对农户的生产决策行为产生影响。我国现正处于粮食高质量发展的进程中，农户粮食生产稳定性问题对于保障我国未来的粮食安全体系有着深刻的研究意义，了解农户的种植行为长期受哪些因素影响将是保障我国粮食安全的重要内容。

国内专家学者通过局部均衡模型、Motad 等多种模型实证分析影响农户的种植行为的影响因素，研究发现粮食生产收入是影响生产决策的最重要因素（孙海清、王波，1999），粮食价格和经营风险对农户的种植行为有着显著影响（陆文聪、叶健、西安琴，2003），政策变化和市场信息对农户的生产决策产生正相关影响（李强、张林秀，2007），同时，农户的粮食种植习惯和国家对粮食种植补贴情况以及种植风险会降低农户的生产积极性（肖海峰、李瑞峰、王姣，2005；何秀荣，2004）。另外，农户因为受生产收益影响，会选择成本收益较高的经济作物，但粮食生产收入仍为农户农业生产收入中的主要收入来源（季明峰，2004；段永升，2000）。王国、吴松明（2000）研究发现市场价格波动、订单价格、生产资料价格波动也会影响农户选择其他农作物，影响农户的生产决策。

2.2.4 关于农户种植意愿影响因素的研究

国外学者对农户种植意愿的研究主要集中在农业补贴对种植意愿的影响上。Jesus Anton 和 Chantal Le Mouel（2004）从风险规避的角度，Sckokai，P 和 Moro，D（2006）建立了直接补贴和生产模型，认为政府直接补贴可以有效增加农民的投资，提高农民种植粮食的积极性。JamesA。Vercammen（2007）使用随机动态规划模型来研究政府的直接补贴政策对农民的生产和投资，并认为不管什么样的风险意识的农民，农民的意愿投资生产和种植粮食可以由政府的补贴政策。

国内也有许多学者对粮食种植意愿进行了研究。钱克明（2003）、曹芳（2005）等通过研究得出了基本一致的结论：国家粮食补贴政策的实施提高了农民种植粮食的意愿和积极性。然而，王姣、肖海峰（2006）认为，粮食直接补贴政策效果甚微，农民对粮食直接补贴政策的可持续性和支持怀疑态度。有学者已验证，现行粮食直接补贴政策不利于种植规模的扩大，且粮食直接补贴政策对粮食种植规模的影响存在异质性（韩昕儒、张宁宁，2021）。陈新建（2008）对湖北省 261 户农户进行了访谈和调查，结果表明，影响农户粮食种植积极性的主要原因是农户的粮食种植面积、土地质量和家庭成员数量。张国立（2010）认为四个问题影响农民的热情增长粮食迫切需要解决，即农民无法获得粮食补贴的一部分土地的问题，过度的利息负担，农民出售粮食困难的问题和农业业务实体不能获得农业贷款全额的问题。在农户种植行为的意愿、特点和影响原因的研究方面，杨志武、钟甫宁（2010）通过分析农户种植决策的外部性发现，外部性制约农户生产，并在一定程度上表现出集体决策行为。韩耀（2017）认为农户行为不仅受经济因素影响，还受非经济因素的影响。这些因素主要包括农产品市场价格、投入成本、资源的短缺程度、政府有关政策、择一成本、文化习俗、制度环境等。且利润应不是农户种粮的决定性因素，对农户种粮积极影响较为明显的因素是粮食生产的劳均现金收益（李国祥，2021）。王志刚（2014）等结合具体产业对农户种植行为意愿及行为因素进行了分析。根据以往多数研究结果分析发现，农户的个体和家庭特征、资本和劳动力投入以及户主的土地管理、产业发展政策和市场特点都是影响农户选择性偏好的种植行为的重要因素。

2.2.5 关于粮食生产效率的研究

农业生产技术效率是当前研究生产效率的重要内容，而粮食生产效率问题是农业生产效率的重要问题之一，当前已有众多学者测算了我国粮食生产效率，研究方法分为参数分析和非参数分析。参数分析方法是指随机前沿生产函数分析方法，是一种计量分析方法，将投入与产出以函数形式表示（薛龙、刘旗，2013）。非参数分析方法是一种线性分析方法，用投入产出比表示。当效率达到 1 时，被称为相对有效的决策单元；当效率小于 1 时，则被称为无效决策单元（秦治领，2013）。通过测算我国粮食生产效率发现其处于不断升高趋势，且各省间存在差异。采用 SFA 方法研究 1998—2008 年我国粮食主产区小麦生产效率发现，主产区小麦技术效率逐渐提高，但地区间提升幅度存在差异（宿桂红、傅新红，2011）。且农村劳动力结构变动是影响效率损失的主要因素（彭代彦，2015）。CD 生产函数也是计算贡献率常用的方法之一，宿桂红等（2014）对 2004—2012 年吉林省 9 市粮食生产技术效率计算，吉林省粮食生产技术效率为 71.3%。又有学者通过非参数 DEA 方法对粮食生产效率进行测算。我国地域宽广，气候、资源等要素存在较大差异。使用序列 DEA 方法测算 1978—2010 年我国粮食生产效率及粮食全要素生产率的变化发现，东部地区粮食生产协调较好，而西部地区粮食生产出现失衡现象（闵锐、李谷成，2012）。气候变化具有双重效应，一方面抑制粮食生产效率的提高；另一方面促进粮食生产技术进步（尹朝静、李谷成、葛静芳，2016）。张勇翔等（2021）采用局部前沿效率方法与非参数核回归对山东省种粮户分析发现，调研区规模化种粮户生产效率低于非规模化种粮户，且不同作物间效率水平存在差异。

2.2.6 对已有文献的评述

综合来看，国内对现有农业经营主体的研究，多是选取了某一个固定的主体，如家庭农场、专业合作社，缺乏整体性，且多是围绕一个方面进行的。大部分文献都是对我国农业发展的现状和问题机型分析，或对经营主体发展情况的研究，对农业经营主体金融支持的研究等。

对经营主体的研究状况，主要集中在经营主体发展的必要性，经营主体的适度规模经营的"度"的大小，仍停留在现象的分析，缺少全面性的分析视角。而针对不同类型经营主体的特点，分别分析其粮食持续种植意愿的影响因素，从而制定适合于各个经营主体的政策研究还比较少见。对于粮食种植的研究，学者们认为影响粮食种植行为的主要因素包括农户收益、市场价格以及择一成本等，但对粮食种植意愿的实证研究中多是基于简单的生产函数构建实证模型，而且研究影响粮食种植的意愿多以 Logit 二元模型为主。

因此，本研究首先分析了我国粮食生产变化特征、粮食生产增长方式的变化以及粮食生产效率等，并以实际调研为基础从普通农户和规模经营户的粮食种植行为和意愿出发，探析粮食生产经营主体种植行为及其影响因素，并对比不同规模经营主体的种植行为和意愿的差异性。

第3章 我国粮食生产特征分析

3.1 我国粮食种植变化分析

3.1.1 粮食播种面积呈现总体平稳

1978—2019 年，我国农作物总播种面积总体呈现上升趋势。我国农作物总播种面积从 1978 年的 15 010.4 万公顷增至 2019 年的 16 593.1 万公顷，增长了 10.54%，年均增长率为 0.24%。分阶段来看，1978—2004 年，我国农作物总播种面积从 1978 年的 15 010.4 万公顷到增至 2004 年的 15 355.3 万公顷，增长了 2.30%，年均增长率为 0.09%。2005—2019 年，我国农作物总播种面积从 2005 年的 15 548.8 万公顷增至 2019 年的 16 593.1 万公顷，增长了 6.72%，年均增长率为 0.47%。

1978—2019 年，我国粮食作物总播种面积呈现下降趋势。我国粮食作物总播种面积从 1978 年的 12 058.7 万公顷降至 2019 年的 11 606.4 万公顷，下降了 3.75%，年均增长率为 -0.09%。分阶段来看，1978—2004 年，我国粮食作物总播种面积从 1978 年的 12 058.7 万公顷到降至 2004 年的 10 160.6 万公顷，下降了 15.74%，年均增长率为 -0.66%。2005—2019 年，我国粮食作物总播种面积从 2005 年的 10 427.8 万公顷增至 2019 年的 11 606.4 万公顷，增长了 11.30%，年均增长率为 0.77%。从粮食种植面积占农作物总种植面积的比例来看，1978—2019 年，我国粮食种植面积占农作物总种植面积的比例总体上呈现下降趋势。1978 年至 2004 年粮食种植面积占农作物种植面积的比重由 80.34% 下降为 66.17%，2005 年之后，粮食种植面积占农作物总种植面积的比重整体有所上升。

粮食作物分品种来看，1978—2019 年，我国稻谷和小麦种植面积整体上呈现下降趋势。稻谷播种面积从 1978 年的 3 442.1 万公顷降至 2019 年的2 969.4万公顷，下降了13.73%，年均增长率为-0.36%。小麦播种面积从1978年的2 918.3万公顷降至2019年的2 372.8万公顷，下降了18.69%，年均增长率为-0.50%。我国玉米播种面积呈现大幅上升趋势，玉米播种面积从1978年的1 996.1万公顷增至2019年的4 128.4万公顷，增长了106.82%，年均增长率为1.79%。分阶段来看，1978—2004年，我国稻谷播种面积从1978年的3 442.1万公顷到降至2004年的2 837.9万公顷，下降了17.55%，年均增长率为-0.74%。2005—2019年，我国稻谷和小麦种植面积止跌回升，其中稻谷播种面积从2005年的2 884.7万公顷增至2019年的2 969.4万公顷，增长了2.94%，年均增长率为0.21%。1978—2004年，我国小麦播种面积从1978年的2 918.3万公顷到降至2004年的2 162.6万公顷，下降了25.90%，年均增长率为-1.15%。2005—2019年，我国稻谷播种面积从2005年的2 279.3万公顷增至2019年的2 372.8万公顷，增长了4.10%，年均增长率为0.29%。1978—2004年，我国玉米播种面积从1978年的1 996.1万公顷到增至2004年的2 544.6万公顷，增长了27.48%，年均增长率为0.94%。2005—2019年，我国玉米播种面积从2005年的2 635.8万公顷增至2019年的4 128.4万公顷，增长了56.63%，年均增长率为3.26%（图3-1）。

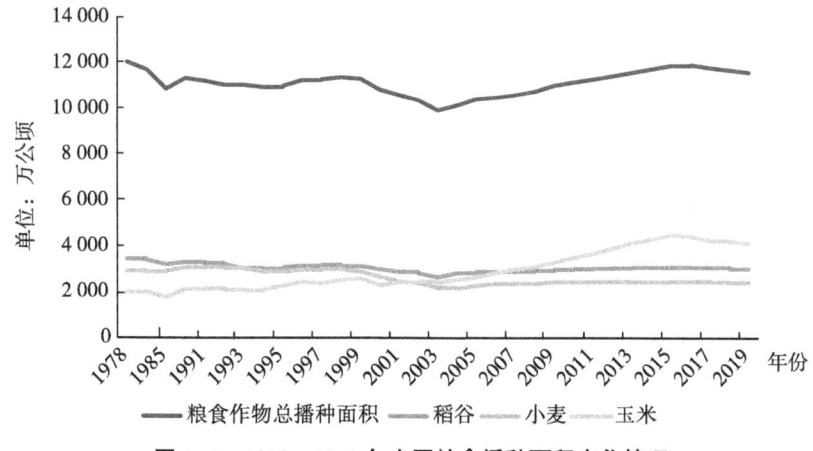

图3-1　1978—2019年中国粮食播种面积变化情况

数据来源：《中国统计年鉴》整理。

总之，我国农作物播种面积逐年扩大，对促进我国农业发展提供了基本保障。另外,我国粮食播种面积总体稳定,并且实现了"十七连丰"的喜人成绩。

3.1.2 粮食产量稳步增长

整体上,1978—2019 年我国粮食总产量及稻谷、小麦及玉米产量均呈上升趋势。我国粮食总产量从 1978 年的 30 476.5 万吨增至 2019 年的 66 384.3 万吨,增长了 117.82%,年均增长率为 1.92%。其中稻谷总产量从 1978 年的 13 693.0 万吨增至 2019 年的 20 961.4 万吨,增长了 53.08%,年均增长率为 1.04%;小麦总产量从 1978 年的 5 384.0 万吨增至 2019 年的 13 359.6 万吨,增长了 148.14%,年均增长率为 2.24%;玉米总产量增幅最大,从 1978 年的 5 594.5 万吨增至 2019 年的 26 077.9 万吨,增长了 366.13%,年均增长率为 3.83%。

分阶段来看,1978—2005 年,我国粮食总产量从 1978 年的 30 476.5 万吨增至 2005 年的 48 402.2 万吨,增长了 58.82%,年均增长率为 1.73%。其中稻谷总产量从 1978 年的 13 693.0 万吨增至 2005 年的 18 058.8 万吨,增长了 31.88%,年均增长率为 1.03%;小麦总产量从 1978 年的 5 384.0 万吨增至 2005 年的 9 744.5 万吨,增长了 80.99%,年均增长率为 2.22%;玉米总产量从 1978 年的 5 594.5 万吨增至 2005 年的 13 936.5 万吨,增长了 149.11%,年均增长率为 3.44%。2005—2019 年我国粮食总产量从 2005 年的 48 402.2 万吨增至 2019 年的 66 384.3 万吨,增长了 37.15%,年均增长率为 2.28%。其中稻谷总产量从 2005 年的 18 058.8 万吨增至 2019 年的 20 961.4 万吨,增长了 16.07%,年均增长率为 1.07%;小麦总产量从 2005 年的 9 744.5 万吨增至 2019 年的 13 359.6 万吨,增长了 37.10%,年均增长率为 2.28%;玉米总产量从 2005 年的 13 936.5 万吨增至 2019 年的 26 077.9 万吨,增长了 87.12%,年均增长率为 4.58%(图 3-2)。

综上来看,改革开放以来,我国粮食总产量及三大主粮产量均呈上升趋势。一方面这得益于中央财政对强农惠农的支持,根据不同时期的实际情况,制定相应的粮食生产补贴政策;另一方面与我国粮食播种面积的扩大、粮食种植结构优化及单产水平提升有着密切关系。

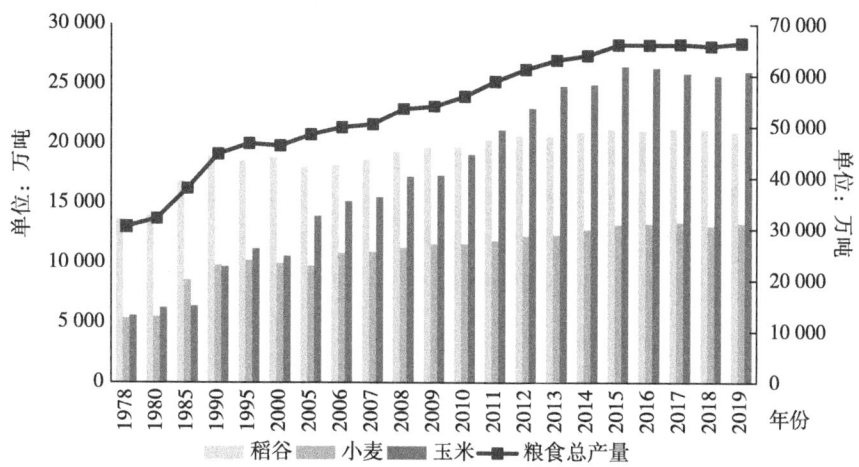

图 3-2 1978—2019 年中国粮食总产量及三大主粮产量变化情况

数据来源：《中国统计年鉴》整理。

3.1.3 粮食单产增长态势显著

整体上，1978—2019 年我国粮食单产及稻谷、小麦及玉米产量均呈现大幅上升趋势。我国粮食单产从 1978 年的 2 527.3 公斤/公顷增至 2019 年的 5 719.6 公斤/公顷，增长了 126.31%，年均增长率为 2.01%。其中，稻谷单产从 1978 年的 3 978.1 公斤/公顷增至 2019 年的 7 059.1 公斤/公顷，增长了 77.45%，年均增长率为 1.41%；小麦单产从 1978 年的 1 844.9 公斤/公顷增至 2019 年的 5 630.3 公斤/公顷，增长了 205.18%，年均增长率为 2.76%；玉米单产从 1978 年的 2 802.7 公斤/公顷增至 2019 年的 6 316.7 公斤/公顷，增长了 125.38%，年均增长率 2.00%。

分阶段来看，1978—2005 年，我国粮食单产从 1978 年的 2 527.3 公斤/公顷增至 2005 年的 4 641.7 公斤/公顷，增长了 83.66%，年均增长率为 2.28%。其中，稻谷单产从 1978 年的 3 978.1 公斤/公顷增至 2005 年的 6 260.2 公斤/公顷，增长了 57.37%，年均增长率为 1.69%；小麦单产从 1978 年的 1 844.9 公斤/公顷增至 2005 年的 4 275.2 公斤/公顷，增长了 131.73%，年均增长率为 3.16%；玉米单产从 1978 年的 2 802.7 公斤/

公顷增至2005年的5 287.4公斤/公顷,增长了88.65%,年均增长率为2.38%。2005—2019年我国粮食单产从2005年的4 641.7公斤/公顷增至2019年的5 719.6公斤/公顷,增长了23.22%,年均增长率为1.50%。其中,稻谷单产从2005年的6 260.2公斤/公顷增至2019年的7 059.1公斤/公顷,增长了12.76%,年均增长率为0.86%;小麦单产从2005年的4 275.2公斤/公顷增至2019年的5 630.3公斤/公顷,增长了31.70%,年均增长率为1.99;玉米单产从2005年的5 287.4公斤/公顷增至2019年的6 316.7公斤/公顷,增长了19.47%,年均增长率为1.28%(图3-3)。

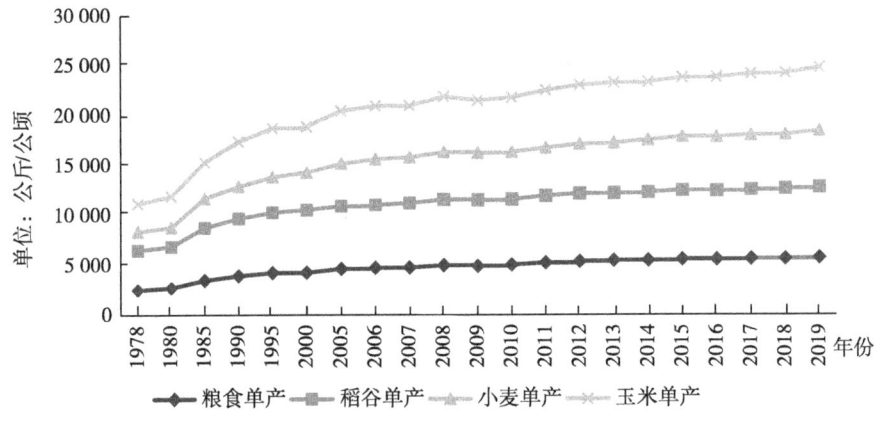

图3-3　1978—2019年中国粮食单产及三大主粮单产变化情况
数据来源:《中国统计年鉴》计算整理。

综上来看,我国粮食单产水平不断提升,一方面可能与高产粮食作物面积增大有关;另一方面得益于农业科技的有力支撑,改革开放以来,我国不断加强农业科技投入,加大良种繁育,推广测土配方等服务,这在一定程度上提高了粮食单产水平;同时农业生产措施得力及多部门联动助农抵御各种自然灾害等对于我国粮食单产水平提升起到了积极作用。

3.1.4　粮食种植结构持续优化

整体来看,1978—2019年,我国粮食种植面积占比总体呈下降趋势。其中稻谷、小麦占粮食作物播种面积比重呈下降趋势,玉米占粮食作物播种面积比重大幅上升,由 1978 年的 16.55%增至 2019 年 35.57%。分阶段来看,1978—2004 年粮食种植面积占比相对下降,其中,稻谷、小麦占粮食作物播种面积比重呈下降趋势,玉米占粮食作物播种面积比重呈上升趋势;2005 年以后由于国家对农作物补贴政策的大力支持,粮食经营主体的种植积极性逐渐提高,粮食种植面积占比从 67.06%升至 69.95%,发挥主要作用的是玉米种植面积的扩大,其占粮食播种面积比重从 25.28%增至 35.57%。油料、棉花等经济作物的占比相对较少,油料作物种植面积占比整体呈上升趋势,从 1978 年的 4.15%增至 2019 年的 7.79%,年均增长率为 1.55%。棉花作物种植面积占比整体呈现下降趋势,从 1978 年的 3.24%下降到 2019 年 2.01%,年均增长率为 -1.16%。蔬菜种植面积整体呈现大幅上升趋势,从 1978 年的 2.22%增至 2019 年的 12.57%。可以看出,我国农作物种植结构在不断调整优化,经营主体的粮食种植行为发生了改变,在稻谷、小麦、玉米粮食种植中,粮食种植结构重心由稻谷转向玉米,同时农户对种植蔬菜等经济作物的积极性增强。党和政府对我国粮食安全的高度重视,制定系列相关惠农政策,促使我国粮食种植结构日趋完善,同时也使得我国粮食经营主体的种植结构逐渐优化(图 3-4,图 3-5)。

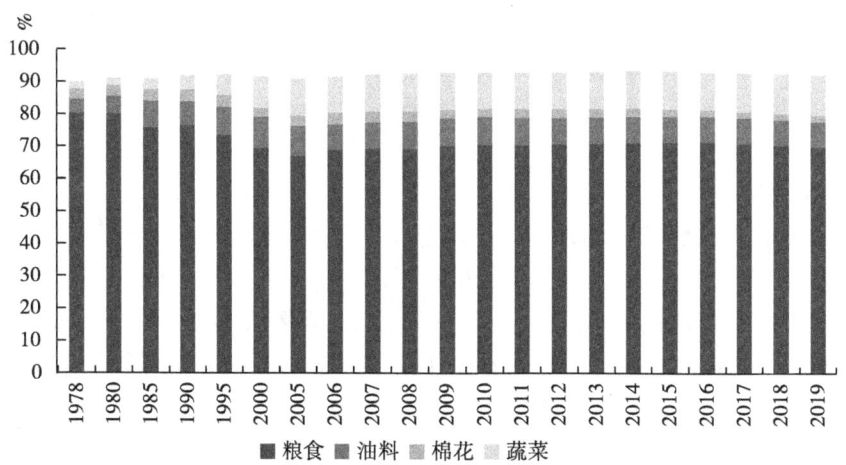

图 3-4 1978—2019 年中国农作物种植结构变化情况(%)

数据来源:《中国统计年鉴》整理。

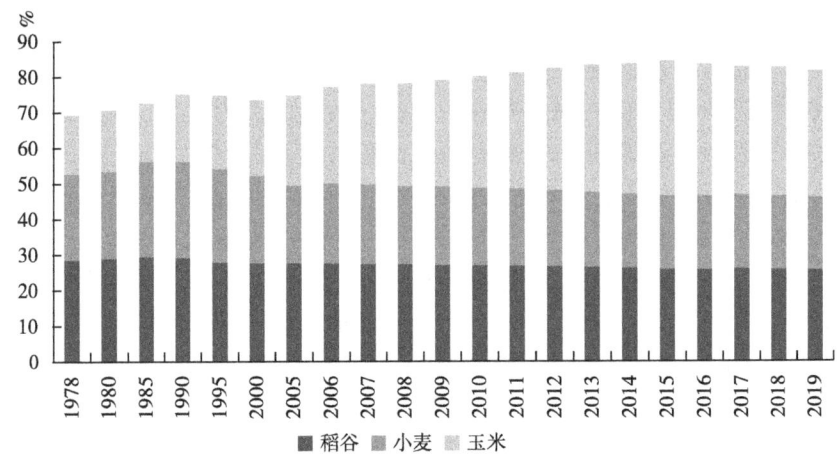

图 3-5　1978—2019 年中国三大主粮种植结构变化情况（%）

数据来源：《中国统计年鉴》整理。

3.1.5　农业从业人数呈下降态势

近年来，随着城市化、工业化发展速度加快，城乡居民生活水平差异较大，部分农村年轻劳动力更倾向于选择进城务工，以获取更高的经济收益。另外，随着农业现代化、机械化程度发展水平的提高，传统的农机具减少，大规模的机械作业比例增加，农业用工量需求减少，农业从业人员逐年下降。

乡村人口数量从 1978 年的 79 014 万人下降至 2019 年的 55 162 万人，减少了 23 852 万人，下降了 30.19%。截止 2019 年年底，乡村就业人员占总就业人员的比例为 42.89%。第一产业从业人数从 1978 年的 28 318 万人下降到 2019 年 19 445 万人，相比之前减少了 8 873 万人，下降了 31.33%。从事第一产业的人数占总就业人员之比也在逐年下降，从 1978 年的 70.5% 下降到 2019 年的 25.1%。从事农林牧渔业人数比例比乡村就业人员的比例下降更多，说明在农村劳动力流失的情况下，农林牧渔业的从业人员的积极性不断降低，农业劳动力减少，粮食经营主体的种植意愿下降，一定程度上对粮食生产产生负面影响（图 3-6）。

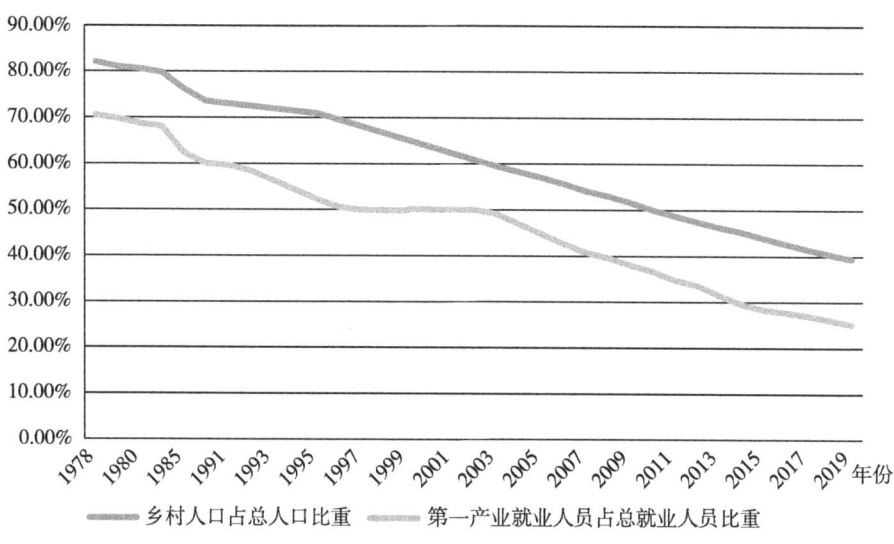

图 3-6　1978—2019 年中国农村劳动力变化情况

数据来源：国家统计局

3.2　粮食经营主体生产资料投入概况

3.2.1　农业经营主体生产资料投入增加显著

农业经营主体的种植行为来源于生产收入的增加，成本收益是经营主体在种植过程中最重要的影响因素之一，特别是零散种植户的生产资料投入主要依靠于种植户家庭本身的资本积累，因此农作物种植收益的多少决定了农业经营主体是否进行种植行为。

通过图 3-7 可以看出，我国农业经营主体在农作物种植中生产资料投入量逐年增加。我国农作物化肥投入量从 1978 年 8 884 万吨增至 2019 年 5 404 万吨，增长了 5.11 倍；薄膜投入量从 1991 年 64.21 万吨增至 2019 年 240.77 万吨，增长了 2.75 倍；柴油投入量从 1993 年 938.3 万吨增至 2019 年 1 934 万吨，增长了 1.06 倍；农药投入量从 1991 年的 76.53 万吨增至到 2019 年的 139.17 万吨，增长了 0.82 倍；农村用电量从 1978 年的 253.1 亿千瓦时增至 2019 年的 9 229.77 亿千瓦时，增长了 36.47 倍。

通过图 3-7 可以看出，农业经营主体对于化肥、薄膜等农业种植的

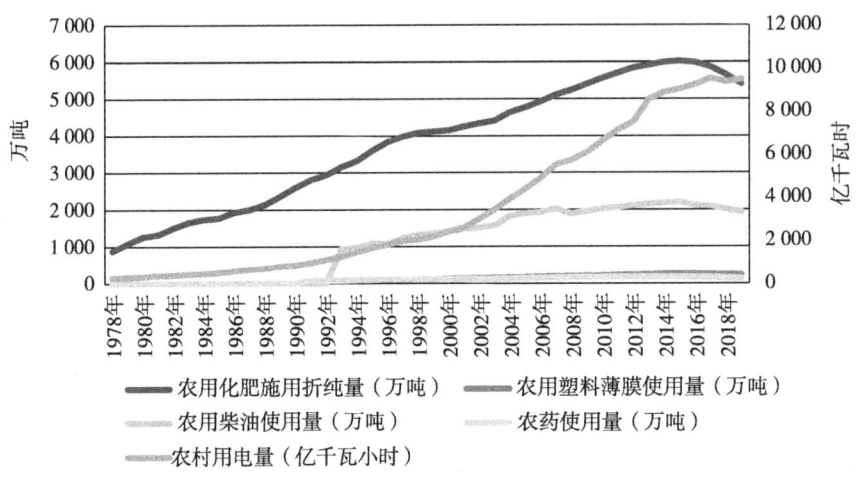

图 3-7　1978—2019 年中国农作物单位面积化肥、薄膜等投入量变化情况

数据来源：国家统计局

必要生产资料投入量在不断增加。加之生产资料价格的上涨，导致化肥、柴油和农药投入成本不断增加，在经营主体的种植规模不变的情况下，农业经营主体会倾向调整种植结构，种植具有更高收益的经济作物。

3.2.2　粮食经营主体生产资料投入变化存在差异

2000—2019 年我国三种粮食生产中每亩种子投入量呈小幅下降趋势。我国三种粮食生产种子投入量从 2000 年 7.54 公斤/亩，降至 2019 年 7.24 公斤/亩，下降了 3.98%，种子投入量的降低可能与我国粮食作物种子质量与品种改良有关。化肥亩均投入量与农膜亩均投入量均呈上升趋势。其中，化肥投入量从 2000 年 20.30 公斤/亩增至 2019 年 25.15 公斤/亩，增长了 23.89%，农膜投入量从 2000 年 0.20 公斤/亩至 2019 年 0.22 公斤/亩，增长了 10.00%（图 3-8）。

粮食经营主体对于化肥、薄膜等农业种植的必要生产资料投入量在不断增加。此外，生产资料价格上涨，进一步导致其投入成本不断增加。在经营主体种植规模不变的情况下，种植意愿将会降低，这在一定程度上解释了为什么粮食播种面积占农作物总播种面积比重下降，而蔬菜等经济作物占比上升。

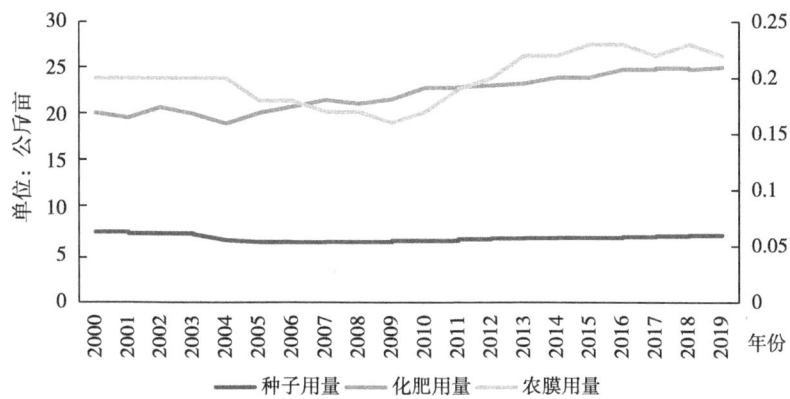

图 3-8　2000—2019 年全国粮食单位面积种子、化肥、薄膜投入量变化情况
数据来源：历年《全国农产品成本收益资料汇编》。

3.3　粮食经营主体成本收益分析

生产收益的高低是粮食经营主体种植行为中最重要的影响因素，粮食经营主体的生产成本主要包括物质费用、雇工费用和土地费用。本研究对 2000—2019 年《全国农产品成本收益资料汇编》及《中国统计年鉴》中全国三大主粮平均成本收益加以分析。

3.3.1　三大主粮平均种植成本缓慢上升

2000—2019 年，三大主粮生产总成本逐年提升，由 356.18 元/亩增至 1 108.89 元/亩，增大了 2.11 倍。这是由我国城镇化和工业化不断推进的内在规律决定的。三大主粮平均总成本主要由物质与服务费用，人工成本和土地成本构成。自 2000 年至 2019 年整体呈现上升趋势，且成本结构发生变动。物质与服务费用占比有所下降，人工成本与土地成本占比相应提高。其中，2000—2019 年，物质与服务费用由 182.87 元/亩增至 462.24 元/亩，但其占总成本比重由 51.34% 降至 41.68%；人工成本由 126.35 元/亩增至 413.40 元/亩，其占总成本比重由 35.48% 增至 37.28%；土地成本大幅增长，由 46.96 元/亩增至 233.25 元/亩，其占总成本比重由 13.18% 增至 21.04%（图 3-9）。

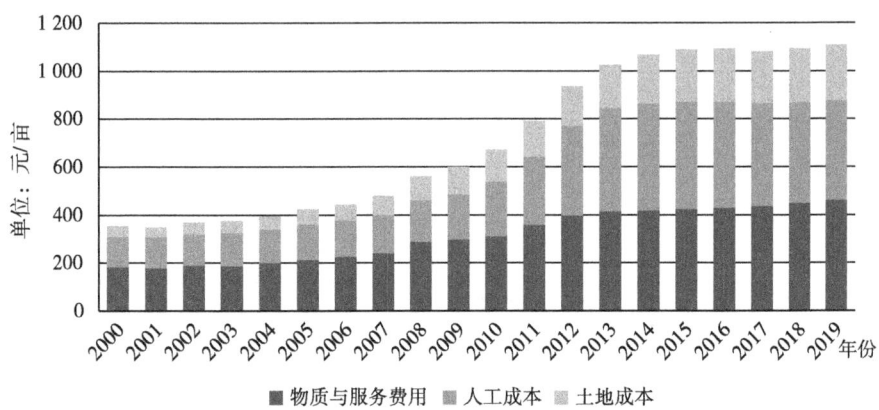

图 3-9 2000—2019 年全国三大主粮平均总成本结构变化情况

三大主粮生产平均总成本中的物质与服务费用投入主要包括种子费、化肥费、农药费、机械作业费、畜力、排灌费、工具材料费，间接费用主要包括固定资产折旧、保险费和销售费。

2000—2019 年全国粮食种植中的物质与服务费用成本中的直接费用整体呈现上升趋势，但间接费用呈现出先下降后上升趋势。2000—2019 年，全国三大主粮平均成本投入中直接费用由 153.33 元/亩增至 446.75 元/亩，其中，种子、化肥、农药、机械作业、排灌、工具材料费用均增加，但畜力由于机械作业代替呈现下降趋势。全国三大主粮平均成本投入中间接费用由 2000 年的 29.54 元/亩降至 2007 年的 5.94 元/亩后又增至 2019 年的 15.49 元/亩。在直接费用结构中（表 3-1），肥料费、种苗费、机械作业费占比较高，种子费、农药费、机械作业费、工具材料费占比整体呈上升趋势，但化肥费、排灌费、畜力占比呈下降趋势。这与机械化生产水平提高、农业基础设施逐步完善及生态环境治理有密切关系。因近年来我国农业保险发展迅速，在间接费用结构中，保险费占比大幅增加（表 3-2）。

第3章 我国粮食生产特征分析

表3-1 2000—2019年中国三大主粮平均物质成本投入

项目	2000	2001	2002	2003	2004	2005	2006	2007	2008	2009	2010	2011	2012	2013	2014	2015	2016	2017	2018	2019
直接费用	153.33	149.72	153.74	153.09	178.21	203.62	218.54	233.93	281.71	290.35	303.93	348.63	387.09	402.35	405.03	411.21	415.03	421.82	433.68	446.75
1. 种子费	18.94	18.00	20.32	19.07	21.06	24.90	26.29	27.57	30.58	33.58	39.74	46.45	52.05	55.37	57.82	59.43	60.73	62.43	63.28	64.03
2. 化肥费	57.37	54.76	57.27	57.93	71.44	84.31	86.81	90.80	118.49	117.55	110.94	128.27	143.40	143.31	132.42	132.03	128.93	130.90	139.02	144.08
3. 农药费	8.12	8.31	8.70	9.22	11.55	14.38	16.15	18.17	20.61	20.66	22.39	23.39	26.21	26.97	27.56	29.15	29.48	30.68	31.37	33.45
4. 机械作业费	22.85	22.79	23.78	24.09	31.58	37.73	46.73	54.44	68.97	72.60	84.94	98.53	114.48	124.92	134.08	139.60	142.79	145.72	148.81	151.02
5. 排灌费	15.67	15.50	14.77	14.72	15.01	15.27	16.79	18.48	16.28	19.45	19.08	23.97	21.99	23.44	25.62	23.91	23.72	22.19	22.20	24.97
6. 畜力费	12.14	12.01	11.16	10.61	10.13	10.26	9.76	10.06	10.95	10.15	9.17	9.03	8.19	7.06	6.51	5.82	5.33	4.12	3.26	2.53
7. 工具材料费	0.18	0.18	0.19	0.14	2.41	2.60	2.71	2.74	3.09	3.26	3.40	3.78	3.94	4.06	4.14	4.19	4.17	4.10	4.01	4.07
间接费用	29.54	29.67	35.58	33.55	21.91	8.01	6.21	5.94	6.07	7.05	8.56	9.73	11.19	12.77	12.85	13.86	14.54	15.36	15.87	15.49
1. 固定资产折旧	6.76	6.00	6.15	6.26	4.93	4.49	4.11	3.79	3.97	4.19	4.12	4.25	4.39	4.62	4.61	4.95	4.88	4.87	4.85	4.90
2. 保险费	0.00	0.00	0.00	0.00	0.16	0.24	0.14	0.28	0.39	1.35	2.27	3.47	4.67	5.63	5.97	6.61	7.41	8.26	8.87	9.33
3. 销售费	2.52	2.52	2.43	2.21	1.66	1.41	1.38	1.31	1.17	1.00	0.99	0.89	1.03	1.27	1.01	0.98	0.98	1.08	1.06	1.12

数据来源：历年《全国农产品成本收益资料汇编》。

表 3-2　2000—2019 年中国三大主粮平均物质成本投入

直接费用各项占比 (%)

年份	2000	2001	2002	2003	2004	2005	2006	2007	2008	2009	2010	2011	2012	2013	2014	2015	2016	2017	2018	2019
1. 种子费	12.35	12.02	13.22	12.46	11.82	12.23	12.03	11.79	10.86	11.57	13.08	13.32	13.45	13.76	14.28	14.45	14.63	14.80	14.59	14.33
2. 化肥费	37.42	36.57	37.25	37.84	40.09	41.41	39.72	38.82	42.06	40.49	36.50	36.79	37.05	35.62	32.69	32.11	31.07	31.03	32.06	32.25
3. 农药费	5.30	5.55	5.66	6.02	6.48	7.06	7.39	7.77	7.32	7.12	7.37	6.71	6.77	6.70	6.80	7.09	7.10	7.27	7.23	7.49
4. 机械作业费	14.90	15.22	15.47	15.74	17.72	18.53	21.38	23.27	24.48	25.00	27.95	28.26	29.57	31.05	33.10	33.95	34.40	34.55	34.31	33.80
5. 排灌费	10.22	10.35	9.61	9.62	8.42	7.50	7.68	7.90	5.78	6.70	6.28	6.88	5.68	5.83	6.33	5.81	5.72	5.26	5.12	5.59
6. 畜力费	7.92	8.02	7.26	6.93	5.68	5.04	4.47	4.30	3.89	3.50	3.02	2.59	2.12	1.75	1.61	1.42	1.28	0.98	0.75	0.57
7. 工具材料费	0.12	0.12	0.12	0.09	1.35	1.28	1.24	1.17	1.10	1.12	1.12	1.08	1.02	1.01	1.02	1.02	1.00	0.97	0.92	0.91

间接费用各项占比 (%)

年份	2000	2001	2002	2003	2004	2005	2006	2007	2008	2009	2010	2011	2012	2013	2014	2015	2016	2017	2018	2019
1. 固定资产折旧	22.88	20.22	17.28	18.66	22.50	56.05	66.18	63.80	65.40	59.43	48.13	43.68	39.23	36.18	35.88	35.71	33.56	31.71	30.56	31.63
2. 保险费	0.00	0.00	0.00	0.00	0.73	3.00	2.25	4.71	6.43	19.15	26.52	35.66	41.73	44.09	46.46	47.69	50.96	53.78	55.89	60.23
3. 销售费	8.53	8.49	6.83	6.59	7.58	17.60	22.22	22.05	19.28	14.18	11.57	9.15	9.20	9.95	7.86	7.07	6.74	7.03	6.68	7.23

数据来源：历年《全国农产品成本收益资料汇编》。

3.3.2 粮食种植收益稳步提升

粮食生产收益一般是指粮食经营主体在种植粮食后所获得的经济收入。粮食种植收益可用总收益、净利润和成本收益率等指标衡量。其中总收益为粮食生产总产值，净利润为粮食总产值减去在粮食种植过程中投入所有生产要素的总成本，包括物质服务费、人工成本费用和土地成本费用，净利润反映了全部生产要素的净收益；成本收益率是粮食生产的净利润与粮食生产成本的之比，通过成本收益率能直观的分析粮食生产效益。

2000—2019 年，全国三大主粮平均总成本、总收益均呈现上升态势。2001—2015 年均净利润为正值，其中 2000—2011 年净利润整体呈现上升趋势，由-3.22 元/亩增长到 250.76 元/亩，尤其是 2004 起，年均净利润大幅上涨。我国自 2004 年起开始实行粮食补贴等一系列粮食支持保护补贴起到了很大作用（国家从 2004 年、2006 年起在粮食主产区分别对稻谷、小麦实行最低收购价政策，2007 年以来对玉米实行临时收储政策）。2011 年后，净利润呈现下降趋势，由 2011 年 250.76 元/亩降至 2019 年的 30.53 元/亩，2016—2019 年均净利润均为负值，这与 2016 年我国取消玉米临时收储政策有一定关系。此外由于洪涝、雨水等自然灾害的影响，导致总收益降低。从三大主粮平均成本利润率来看，2000—2019 年，三大主粮平均成本利润率呈现先上升后下降趋势，这与净收益变化情况基本一致（图3-10）。粮食经营主体的生产收益主要受粮食市场不确定因素影响

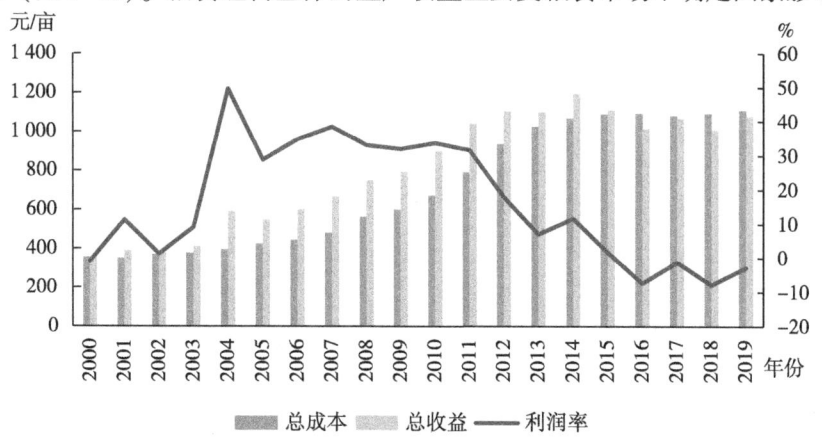

图 3-10 2000—2019 年中国三大主粮平均种植收益表变化情况

导致粮食价格波动，而经营主体在生产过程中难以预测和了解市场变化情况。由于粮食生产不稳定性和较高的风险性，党和政府应正确引导经营主体种植行为，适度调整政策补贴，提升农户的抗风险能力，提高农户生产积极性的同时稳定粮食生产以保障粮农收入安全。

第4章 我国粮食生产增长方式变化分析

4.1 粮食生产各因素贡献率的测度方法

粮食的增产源于三个方面，一是播种面积的增加，一是单产水平的上升，再一个是种植结构的调整。本部分要解决的第一个问题就是分解出面积和单产对我国粮食增产的贡献率。其次，在面积不变的情况下，单产的变化又包括了各粮食作物自身单产的变化或者自身单产不变而权重改变的情况，即各粮食作物的单产绝对数值没有变化，通过种植结构调整减少低产作物的面积和扩大高产作物面积来提高平均单产量。在各粮食作物单产不变的情况下，面积的增加又包括绝对面积的增加和单产较高的粮食作物相对面积的增加。因此，本部分要解决的第二个问题是，我国粮食单产的增加到底是由于绝对单产水平的提高还是由于不同作物面积权重的调整（即高产作物对低产作物的替代）带来的加权单产提高。

4.1.1 面积和单产贡献率分析方法

粮食的产量等于播种面积与单产的乘积，用公式 4.1 表示，其中以 $Q_{i,t}$ 表示第 i 种作物在第 t 年的总产量，$S_{i,t}$ 表示第 i 种作物在第 t 年的播种面积，$Y_{i,t}$ 表示第 i 种作物在第 t 年的单产（i=0，1，2，3，4，即粮食、稻谷、小麦、玉米和其他粮食作物）。

$$Q_{i,t} = S_{i,t} \cdot Y_{i,t} \tag{4.1}$$

对公式 4.1 取差分并进行近似处理可得：

$$\Delta Q_{i,t} = \Delta S_{i,t} \cdot Y_{i,t-1} + \Delta Y_{i,t} \cdot S_{i,t-1} \tag{4.2}$$

定义面积对增产贡献率为 $\alpha i, t$，则

$$\alpha i, t = \frac{\Delta S_{i,t} \cdot Y_{i,t-1}}{\Delta S_{i,t} \cdot Y_{i,t-1} + \Delta Y_{i,t} \cdot S_{i,t-1}} \tag{4.3}$$

其中 $\alpha_{i,t}$ 表示第 i 种作物在第 t 年时在单产不变的条件下,因播种面积增加而带来的产量变化占该种作物总产量变化的百分比。

同理,定义单产增产贡献率为 $\beta_{i,t}$,则

$$\beta_{i,t} = \frac{\Delta Y_{i,t} \cdot S_{i,t-1}}{\Delta S_{i,t} \cdot Y_{i,t-1} + \Delta Y_{i,t} \cdot S_{i,t-1}} \qquad (4.4)$$

其中 $\beta_{i,t}$ 表示第 i 种作物在第 t 年时在面积不变的条件下,因单产增加而带来的产量变化占该种作物总产量变化的百分比。

根据定义,产量变化完全有单产和面积来决定,因此有:$\alpha_{i,t} + \beta_{i,t} = 1$

4.1.2 各作物种植结构调整分析方法

粮食的总产量等于各类作物播种面积与单产的乘积,即:

$$Q_t = \sum S_{i,t} \cdot Y_{i,t} \qquad (4.5)$$

同时,也可以这样考虑,粮食的总产量等于粮食的播种面积乘以各种作物的加权平均单产(用 y 表示),那么上一期的总产量可以用如下方式表示:

$$Q_{t-1} = s_{t-1} \cdot y_{t-1} = \sum s_{i,t-1} \cdot y_{i,t-1} \qquad (4.6)$$

假设,各期的作物播种的结构比例(即面积权重)不变,那么,本期的粮食产量(Q'_t)可以表示为各粮食作物的播种面积乘以单产量,表示为:

$$Q'_t = \sum s'_{i,t} \cdot y_{i,t} \qquad (4.7)$$

且 $\dfrac{s'_{i,t}}{s_{i,t-1}} = \dfrac{s_t}{s_{t-1}} = \varepsilon_{i,t}$,

其中,ε 表示各粮食作物种植的结构比例无变化的情况下的粮食面积的增长率,显然这种情况下,ε 也是各粮食作物播种面积的增长率。

根据公式 4.6 和公式 4.7 可以得到在各粮食作物种植的结构比例无变化的情况下,本期粮食的总产量为:

$$Q'_t = \sum s'_{i,t} \cdot y_{i,t} = \varepsilon_{i,t} \sum s_{i,t-1} \cdot y_{i,t} \qquad (4.8)$$

此时,相邻两期粮食总产量的变化情况可以表示为:

$$\frac{Q'_t}{Q_{t-1}} = \varepsilon_{i,t} \cdot \frac{\sum s_{i,t-1} \cdot y_{i,t}}{\sum s_{i,t-1} \cdot y_{i,t-1}}, \text{定义} \frac{\sum s_{i,t-1} \cdot y_{i,t}}{\sum s_{i,t-1} \cdot y_{i,t-1}} \text{为} \lambda, \quad (4.9)$$

因此，在各粮食作物种植的结构比例无变化的情况下，粮食的增产由面积的变化率和加权平均单产的变化量决定。

等式两边取对数可以得到：

$$\ln \frac{Q'_t}{Q_{t-1}} = \ln(\varepsilon_{i,t} \cdot \lambda_{i,t}) \quad (4.10)$$

这时，将各粮食作物种植的结构比例有调整和无调整的情况进行比较，并取对数得到：

$$\ln \frac{Q_t}{Q'_t} = \ln \frac{Q_t}{Q_{t-1}} - \ln \frac{Q'_t}{Q_{t-1}} \quad (4.11)$$

由此，结合公式4.10和公式4.11可以推出在各粮食作物种植结构比例有调整的情况下，粮食产量的变化来源：

$$\ln \frac{Q_t}{Q'_t} = \ln \frac{Q_t}{Q_{t-1}} - \ln \varepsilon_{i,t} - \ln \lambda_{i,t} \quad (4.12)$$

至此，从公式4.12可以得出这样的结论：因粮食内部各粮食作物的种植结构变化而导致的粮食增产量等于相邻两期粮食的增产量减去因播种面积变化而产生的粮食增产量和单产变化而引起的粮食增产量。将各影响因素进行定义：

播种面积变化引起的粮食增产量的贡献率为：

$$\varphi_{s,t} = \ln \varepsilon_{i,t} / \ln \frac{Q_t}{Q_{t-1}}$$

粮食内部各作物的种植结构变化引起的粮食增产量的贡献率为：

$$\varphi_{A,t} = 1 - \ln(\varepsilon_{i,t} \lambda_{i,t}) / \ln \frac{Q_t}{Q_{t-1}}$$

单产变化引起的粮食增产量的贡献率为：

$$\varphi_{y,t} = 1 - \varphi_{s,t} - \varphi_{A,t}$$

4.2 面积和单产贡献率的结果和讨论

4.2.1 数据来源及模型结果

对面积和单产贡献率进行测算的数据中，2004—2014年粮食产量、面积和单产均采用国家统计局《中国统计年鉴》中的数据，2014年数据来自国家统计局《2013年统计公报》。使用stata 12.0将我国2004—2014年粮食生产数据进行分析，分离出这一时期面积和单产对我国粮食增产的贡献率，结果如表4-1所示。

4.2.2 结果分析

从表4-1的分析结果可以看出，在2004—2014年，单产提高对粮食产量的贡献率大于面积增加的贡献率。单产的平均贡献率达到了64.43%，其中，7年的单产贡献率超过了50%。除特殊情况的2009年（异常点）外，单产的贡献率一直为正，且维持在较高水平。可以看出，在2004—2014年，我国农业科技、政策支持、防灾减灾手段等的综合运用，对于我国粮食单产的挖掘起到了明显作用。优质高产良种不断更新，良种种植面积扩大，小麦一喷三防、水稻大棚育秧、玉米地膜覆盖等一批防灾减灾等关键技术大面积推广应用，提高了我国粮食的单产水平。但是，也必须注意到，虽然粮食播种面积增加对粮食增产的贡献率相对较小，但也达到了34.36%。说明我国在土地复耕、占补平衡以及提高农户种粮积极性等方面的政策发挥了作用，带动了粮食播种面积的增加。2004年以来，我国陆续出台了一系列鼓励农业特别是粮食生产的支农惠农政策，例如农业四项补贴（粮食直接补贴、良种补贴、农机具购置补贴、农资综合补贴）以及最低收购价政策，降低了粮食生产成本，减小了种粮风险，提高了粮农的预期收益，刺激了粮农的生产积极性，这些都为我国粮食播种面积的增加提供了直接动力。

表 4-1 2004—2014 年面积和单产在粮食增产中的贡献率

年份		2004	2005	2006	2007	2008	2009
粮食	面积贡献率（%）	24.94	85.18	22.60	90.77	20.40	474.65
	单产贡献率（%）	75.06	14.82	77.40	9.23	79.60	-374.65
稻谷	面积贡献率（%）	63.12	193.87	50.34	-2.77	35.62	79.17
	单产贡献率（%）	36.88	-93.87	49.66	102.77	64.38	20.83
小麦	面积贡献率（%）	-26.13	90.75	32.60	59.38	-14.98	120.29
	单产贡献率（%）	126.13	9.25	67.40	40.62	114.98	-20.29
玉米	面积贡献率（%）	47.24	52.35	91.55	628.62	14.82	-473.28
	单产贡献率（%）	52.76	47.65	8.45	-528.62	85.18	573.28
其他粮食作物	面积贡献率（%）	-360.07	-21.50	54.84	43.00	28.70	24.75
	单产贡献率（%）	460.07	121.50	45.16	57.00	71.30	75.25

年份		2010	2011	2012	2013	2014	2004—2014
粮食	面积贡献率（%）	27.86	23.82	-27.54	46.83	82.28	35.57
	单产贡献率（%）	72.14	76.18	127.54	53.17	17.72	64.43
稻谷	面积贡献率（%）	244.46	23.07	14.82	-145.72	-21.61	53.67
	单产贡献率（%）	-144.46	76.93	85.18	245.72	121.61	46.33
小麦	面积贡献率（%）	-246.21	2.96	-0.28	-54.44	-9.60	21.98
	单产贡献率（%）	346.21	97.04	100.28	154.44	109.60	78.02
玉米	面积贡献率（%）	53.23	37.30	67.61	41.75	869.39	72.14
	单产贡献率（%）	46.77	62.70	32.39	58.25	-769.39	27.86
其他粮食作物	面积贡献率（%）	-86.69	12.96	644.29	46.24	35.53	185.11
	单产贡献率（%）	186.69	87.04	-544.29	53.76	64.47	-85.11

资料来源：根据国家统计局资料计算。

从稻谷来看，2004—2014 年在粮食的十一年连续增产中，稻谷单产的平均贡献率为 46.33%，低于播种面积的贡献率（53.67%）。特别是在 2005 年和 2010 年两年，当单产出现大幅下滑时，面积成了保障稻谷产量稳定上升的重要原因。在此期间，有五年播种面积的贡献率超过了 50%，除 2007 年、2013 年和 2014 年稻谷的播种面积出现了小幅波动外，稻谷的播种面积一直呈现出上升的趋势。稻谷单产增加并不明显，主要是因为稻谷的生产水平和机械化推广已经相对稳定，稻谷的单产水平的提高已接近"天花板效应"。稻谷面积的增加主要源于价格上升和需求增加带来的种植收益增加，从而刺激了稻谷播种面积的扩大。

从小麦来看，2004—2014年，小麦产量的增加主要受单产增加的影响。在此期间，小麦单产的增加对增产的贡献率达到了78.02%，而面积的贡献率仅为21.98%。与其他作物相比，小麦面积对增产的贡献最小。这是因为，受气候、价格、消费需求等因素影响，小麦播种面积难以大幅增加。受气候因素的限制，我国小麦的种植区域一直相对比较稳定，以黄淮海、长江中下游和大兴安岭沿麓为小麦的三大优势产区，面积占全国小麦面积的80%左右，特别是鲁豫冀苏皖五省，面积占全国65%以上，产量占75%以上。在小麦的优势产区中，生态、经济和社会资源得到了比较合理的搭配，而其他产区的生产优势并不明显，现有条件下种植面积难以出现比较大的增加。另外，小麦主产区属于人口密集、人地矛盾比较突出的地区，且适宜种植多种作物。由于种植小麦的成本收益率较低，农民倾向于选择能够增加收入的经济作物，而任何经济作物的扩种都要压缩小麦的种植面积。因此，我国小麦播种面积的增减明显受到经济作物收益变化的影响，当经济作物收益增加时，农民就会大面积减少小麦的种植，而经济作物的收益降低时，农民则又会增加小麦的种植。也就是说，种植小麦一直是农户在增收过程中的"备选"方案。正因如此，小麦播种面积极易受到人为干预因素的影响，政策支持力度大时，面积就会增加，政策效果稍微减弱就会造成播种面积的大幅减少。虽然近几年受气候和冬季平均气温升高的影响，冬小麦种植区域有望北移西延，但是，这种情况带来的面积增加是有限的，无法对抗经济作物对小麦播种面积的挤占。从价格因素来看，小麦每亩的种植收益在400元左右，而玉米的种植收益约为700元，小麦的种植收益没有任何优势，失去了经济利益驱动的农户缺乏种植小麦的积极性，更多的农户种植小麦只是为了满足家庭的口粮消费。从用途来讲，不论是市场的商业需求还是农户自身消费，除口粮部分外，大部分的需求来自饲料和加工消费，在满足这些需求时，小麦与其他粮食作物（主要是玉米）相比基本不具有优势，小麦的消费用途少、需求量较小也成为农户压缩小麦的播种面积的原因。另外，虽然2004—2014年，小麦单产提高对增产的贡献率达到了78.02%，但也必须注意到，小麦主产区资源环境的承载能力已经接近了极限,小麦的种植技术水平和机械能力也已经相对稳定,在播种面积难以扩大的情况下,小麦今后是否还能够依靠挖掘单产继续增产,依然是个值得研究的问题。

从玉米来看,2004—2014年其产量的增加并没有真正实现"十一连增",而是在2009年和2014年因旱灾出现了从产量和单产量的下滑。但这并不能影响玉米产量增加为我国粮食增产做出的巨大贡献。2003—2014年,我国玉米产量的年均增速达到5.81%,产量几乎翻了一番。玉米的增产主要是由面积增加带动的。11年间,玉米面积对增产的贡献率达到了72.14%,在三大作物中面积贡献率最高。玉米播种面积的增加主要受气候、价格、消费需求以及机械化水平和技术改善的影响。从气候因素来看,我国玉米种植面积的扩大主要集中在黑龙江北部地区的第四、第五积温带,气候变暖为该地区玉米播种面积的增加提供了条件。从需求因素来看,随着我国动物性蛋白需求的增加和玉米加工业(如玉米淀粉、培养基和生物乙醇)的发展,我国玉米的需求量出现了大幅度的攀升,在供求作用下,需求量的增加带动了玉米供给的增加,拉动了玉米播种面积的增加。从价格因素来看,受消费量增加的影响,我国玉米收购价格攀升。2011年以来,玉米的平均种植收益率一直大于40%,这意味着,在东北地区,玉米的收益率远远高于大豆;在华北黄淮地区,除了略低于花生外,其收益率也高于小麦、棉花、大豆。因此,在经济杠杆的撬动下,很多农户缩减了其他作物的种植面积改种玉米,极大的拉升了面积对增产的贡献率。从技术来看,由于玉米种植简单,机械化程度高,易于推广单粒精播和种肥异位同播,缓控释肥随播种一次施肥,劳动力投入较少。因此,出于降低种植成本的考虑,很多种植其他作物的农户也选择了改种玉米。

从杂粮来看,2004—2014年播种面积的贡献率达到了185.11%。而单产的贡献率则是负值。这是因为,由于生活水平的上升,我国的杂粮消费更多的是因养生和健康引发的消费,而不是生存的基本保障消费。杂粮的消费更多的集中于绿色和有机产品上。因此,为了迎合消费需求,很多农户在生产中选择采取不使用农药和化肥的生产方式,影响了杂粮的单产水平。但是,由于杂粮的附加值较高,农户的生产积极性被激发,种植面积出现了较大的增加。

基于以上分析,可以得出两条结论:第一,2004—2014年对粮食增产起到主要作用的因素是粮食单产的增加，而非种植面积的扩大；第二，2004—2014年稻谷、玉米和杂粮的增产主要由种植面积扩大而带动，仅有小麦的增产是由于单产的拉动。可以发现，以上两条结论似乎是矛盾的，因此，以下部分将针对这两个"矛盾"结论继续研究，找到出现这种情况的根本原因。

4.3 各作物种植结构调整的结果和分析

4.3.1 数据来源和模型结果

本部分的研究中，2013和2014年的大豆数据来源于国家粮油信息中心，其他数据来源于国家统计局的《中国统计年鉴》和《中国统计公报》。分析结果如表4-2所示。

表4-2 2004—2014年种植结构调整和加权平均单产对粮食增产的贡献率

项目	指标	2004年	2005年	2006年	2007年	2008年	2009年
粮食产量	增长率（%）	9.00	3.10	2.90	0.71	5.40	0.40
播种面积	增长率（%）	2.21	2.63	0.65	0.65	1.09	2.05
	贡献率（%）	25.34	85.04	22.74	90.74	20.65	510.00
加权平均单产	增长率（%）	6.65	0.46	2.23	0.07	4.26	-1.62
	贡献率（%）	74.66	14.96	77.26	9.26	79.35	-410.00
各作物单产	增长率（%）	5.58	0.31	0.98	-0.32	4.42	-1.89
	贡献率（%）	62.71	9.99	33.85	-45.48	82.28	-476.96
结构调整	增长率（%）	1.06	0.15	1.25	0.39	-0.16	0.26
	贡献率（%）	11.95	4.97	43.41	54.74	-2.93	66.96

		2010年	2011年	2012年	2013年	2014年	2004—2014年
粮食产量	增长率（%）	2.95	4.53	3.22	2.10	0.86	40.96
播种面积	增长率（%）	0.82	0.63	0.57	0.67	0.71	13.41
	贡献率（%）	27.99	14.29	17.99	32.20	82.38	36.65
加权平均单产	增长率（%）	2.12	3.87	2.63	1.42	0.15	24.29
	贡献率（%）	72.01	85.71	82.01	67.80	17.62	63.35

(续表)

		2010年	2011年	2012年	2013年	2014年	2004—2014年
各作物单产	增长率（%）	1.38	3.30	1.95	1.19	-0.21	18.51
	贡献率（%）	46.92	73.06	60.92	57.17	-24.18	48.27
结构调整	增长率（%）	0.74	0.57	0.68	0.22	0.36	5.78
	贡献率（%）	25.09	12.66	21.09	10.63	41.80	15.08

资料来源：根据国家统计局资料计算。

4.3.2 结果分析

从表4-2可以看出，2004—2014年，因结构调整而引起的粮食增产超过10%的年份有9个。除2008年外，结构调整对粮食增产的贡献率都为正，即在2004—2014年，有10年的粮食增产都受到了粮食播种面积调整的影响。11年间播种面积结构调整的平均贡献率达到了15.08%。其中，2007年和2009年因面积调整的贡献率分别达到了54.74%和66.96%。

分析2004—2014年整体的粮食增产情况可以发现，11年间我国粮食总产量的增长率为40.96%，其中，播种面积引起的增长率为13.41%，单产增加引起的增长率为18.51%，结构调整引起的增长率为5.78%，各自对粮食增产的贡献率分别是36.65%、48.27%和15.08%。虽然，对粮食增产贡献率最大的还是粮食单产的增加（这与上一步的分析结果是一致的），但是，结构调整对我国粮食增产的贡献不容忽视。从表4-2可以看出，在2006年和2012年，结构调整对粮食增产的贡献率分别达到了43.41%和21.09%，超过了粮食播种面积的贡献率（分别为22.74%和17.99%）。这意味着，在这两年中，粮食内部不同作物播种面积调整（即扩大高产作物的播种面积并缩减低产作物的播种面积）对粮食增产的贡献超过了粮食播种面积增加的贡献。例如，东北和华北地区减少了大豆等，同时增加了玉米和稻谷的播种面积。玉米单产是大豆的3.2倍，稻谷单产是大豆的3.7倍，因此，以种植玉米或水稻来替代大豆，极大地提升了粮食的"平均单产"。

至此，以上研究结果解释了前一节分析中发现的"矛盾"现象，即以粮食作为整体考察时，研究结果显示 2004—2014 年单产提升是增产的主要拉动力，而对各作物进行单独分析时，研究结果显示面积增加（除小麦外）是其主要的拉动力。这是因为，2004—2014 年粮食的总播种面积没有发生明显变化的情况下，粮食内部各作物之间出现了面积的替代，高产作物面积扩大而低产作物面积缩减，各粮食作物的"绝对单产"小于粮食整体的"加权平均单产"，"加权平均单产"的迅速提高带动了粮食总产量的增加。

第5章 我国粮食生产效率及竞争力变化分析

本部分研究采用随机前沿分析法，以小麦为例对我国粮食生产效率及竞争力变化情况进行测算，数据主要来源于《中国统计年鉴》《全国农产品成本收益资料汇编》中 2004—2018 年的相关数据，计算了小麦的全要素生产率（TFP）及其指数、基于产出的技术效率指数（OTEI）、基于产出的规模和混合效率指数（OSMEI）以及基于产出的技术变化指数（OTI）其中基于产出的技术变化指数（OTI）。通过运用国际市场占有率（World Market Share，WMS）、贸易竞争力指数（Trade competitiveness，TC）和显示性比较优势（Revealed Comparative Advantage，RCA）三个指标，对 2000—2018 年中国以及其他五个世界主要小麦出口国（经济体）欧盟、俄罗斯、加拿大、美国和乌克兰的国际贸易竞争力进行比较分析。数据来自 FAOSTAT 数据库、UN Comtrade 数据库、WTO 数据库等。

5.1 我国粮食生产效率变化分析

5.1.1 小麦全要素生产率及其变化趋势分析

根据测算结果，中国小麦全要素生产率的变化趋势如图 5-1 所示。从整体看，2004—2018 年，中国小麦全要素生产率（TFP）年均增长 1.90%，产出导向型技术指数（OTI）年均增长为 1.45%、产出导向型规模及混合效率指数（OSMEI）年均增长为 1.51%、产出导向型技术效率指数（OTEI）年均下降 1.03%。这一时期中国小麦全要素生产率增长比较缓慢，产出导向型技术和产出导向型规模及混合效率是推动全要素生产率增加的主要动力。

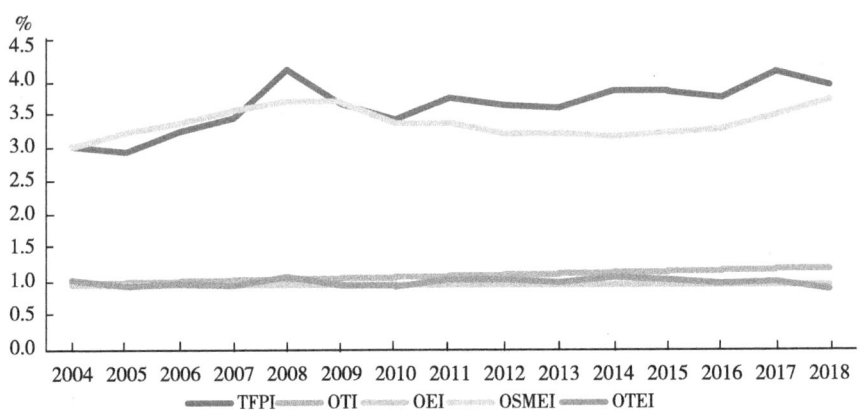

图 5-1 2004—2018 年中国小麦全要素生产率的变化趋势

从变化趋势来看，2004—2018 年，中国小麦全要素生产率呈现阶段性特征，总体可分为三个阶段。第一个阶段为 2004—2008 年，中国小麦全要素生产率由 2004 年的 3.026 上升到 2008 年的 4.172，年均增长为 8.36%。该阶段中国小麦全要素生产率除了 2005 年小幅下降外，其他年份保持正向增长，尤其是 2008 年中国小麦全要素生产率比上年增长了 20.99%。2008 年中国小麦全要素增长率也达到了峰值。该阶段产出导向型技术指数（OTI）年均增长为 1.44%、产出导向型环境指数（OEI）年均增长为 0、产出导向型规模及混合效率指数（OSMEI）年均增长为 5.21%、产出导向型技术效率指数（OTEI）年均增长为 1.12%。第二个阶段为 2009—2017 年，中国小麦全要素生产率由 2009 年的 3.657 波动上升到 2017 年的 4.140，年均增长为 1.56%。该阶段中只有 2011 年、2014 年和 2017 年三年中国小麦全要素生产率为正向增长，其余年份均为负增长。该阶段产出导向型技术指数（OTI）年均增长为 1.45%、产出导向型环境指数（OEI）年均增长为 0、产出导向型规模及混合效率指数（OSMEI）年均增长为-0.61%、产出导向型技术效率指数（OTEI）年均增长为 0.69%。第三个阶段为 2018 年，中国小麦全要素生产率下降为 3.939，比上年下降 4.48%，其中产出导向型技术指数（OTI）比上年增长 1.49%、产出导向型环境指数（OEI）比上年增长 0、产出导向型规模及混合效率指数（OSMEI）比上年增长 6.44%、产出导向型技术效率指数

(OTEI) 比上年下降 11.13%。

5.1.2 小麦全要素生产率的省际差异分析

根据测算结果，中国小麦全要素生产率的省际差异如图 5-2 所示。从整体来看，2004—2018 年中国小麦全要素产率排名前三的为河南、湖北和山东，小麦全要素产率分别为 4.658、4.469、4.428，其他依次为新疆、河北、安徽、江苏、山西、内蒙古、四川和云南，小麦全要素产率分别为 4.425、4.205、4.099、3.967、3.300、3.191、2.023、1.343。排名最后的两个省份为四川和云南。四川与云南多为山地与高原，不利于小麦的规模化生产，但这一因素对于提高小麦全要素生产率的作用较为明显。

从分解指数来看，各省份技术变化并不存在差别，都为 1.108；另外新疆、四川和云南三省的环境指数都大于或等于 1，从种植环境角度看，这些地区处于弱势；全要素生产率排名前三的河南、湖北和山东三省主要是依靠产出导向型规模及混合效率维持全要素生产率较高水平，其产出导向型规模及混合效率指数分别为 4.138、4.014、4.183，其余各省（自治区）产出导向型规模及混合效率指数都处于 4 以下，其中四川和云南的产出导向型规模及混合效率指数只有 1.788 和 1.280。

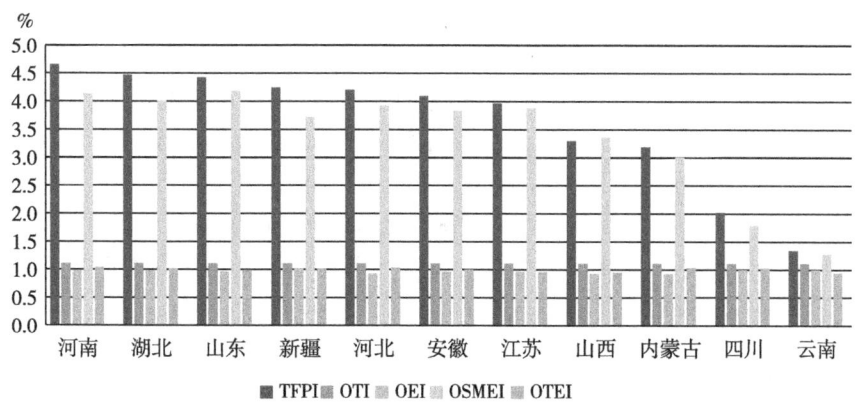

图 5-2 2004—2018 年中国小麦全要素生产率省际变化趋势

5.2 我国粮食国际竞争力变化分析

5.2.1 主要小麦出口国国际贸易竞争力分析

国际贸易竞争力分析是通过运用国际市场占有率（World Market Share，WMS）、贸易竞争力指数（Trade competitiveness，TC）和显示性比较优势（Revealed Comparative Advantage，RCA）三个指标，对世界各国某种产品贸易竞争力进行比较。以下对2000—2018年五个世界主要小麦出口国（经济体）欧盟、俄罗斯、加拿大、美国和乌克兰的国际贸易竞争力进行比较分析（表5-1）。

国际市场占有率（WMS）反映了这个国家该产品的贸易规模、生产能力及竞争能力。欧盟作为世界最大的小麦出口经济体，2000—2018年欧盟国际市场占有率一直保持在24%以上。2018年欧盟国际市场占有率为26.36%。美国国际市场占有率处于不断下降的趋势，从2000年的23.922%下降至2018年的13.302%；加拿大国际市场占有率总体保持稳定在14%左右，没有太大波动；俄罗斯、乌克兰国际市场占有率波动上升，尤其俄罗斯在2018年国际市场占有率迅猛增加，上升至20%以上；乌克兰国际市场占有率从2000年的0.184%波动上升至2018年的7.322%。

贸易竞争力指数（TC竞）反映产品是处于效率的竞争优势还是劣势以及优劣的程度，还反映了产品净进口或净出口的相对规模情况。2000—2018年，加拿大、乌克兰以及俄罗斯贸易竞争力指数无限接近于1，小麦国际竞争力很强；美国贸易竞争力指数呈现出下降趋势，但一直处于0.745以上，说明美国小麦国际竞争力仍然较强；欧盟贸易竞争力指数总体上呈上升趋势，虽然与加拿大、乌克兰以及俄罗斯相比存在明显差距，但仍具有一定的国际竞争力。

显示性比较优势指数（RCA）反映一国某类产品是否具有出口比较优势。俄罗斯、乌克兰小麦显示性比较优势指数远高于2.5，表明俄罗斯和乌克兰两国小麦具有很强的国际竞争力。尤其是俄罗斯小麦显示性比较优势指数近年不断上升，2018年高达10.712；加拿大小麦显示性比较优势指数一直保持在3左右，其小麦具有很强出口比较优势；美国小麦显示性比较优势指数虽有下降趋势，近几年均位于 1.39 到 2.73 之间，仍然具有较强的比较优势；欧盟小麦显示性比较优势指数波动上升，但仍小于 1，表明其小麦不具有明显比较优势。

总体来说，加拿大小麦国际竞争力较强，且历年保持稳定；俄罗斯、乌克兰小麦竞争优势迅猛增长，现处于具有强优势行列。欧盟小麦竞争力比较优势虽不明显，但在国际市场占有率仍居高位；美国小麦国际竞争力虽有所下降，但仍然具有较强的比较优势（表 5-1）。

表 5-1 2000—2018 年主要小麦进口国的 WMS、TC、RCA 变化

年份	欧盟			俄罗斯			加拿大			美国			乌克兰		
	WMS	TC	RCA	WMS	TC	RCA	WMS	TC	RCA	WMS	TC	RCA	WMS	TC	RCA
2000	27.373%	0.127	0.652	0.296%	-0.738	0.363	17.571%	0.997	2.777	23.922%	0.865	1.842	0.184%	-0.618	0.637
2001	25.336%	0.061	0.603	0.984%	0.168	1.186	17.431%	0.990	2.850	23.133%	0.837	1.822	1.595%	0.804	4.350
2002	24.289%	-0.006	0.560	5.060%	0.939	5.102	12.852%	0.996	2.296	23.772%	0.863	2.016	4.468%	0.999	9.777
2003	29.979%	0.070	0.665	4.885%	0.837	4.751	12.683%	0.994	2.555	24.814%	0.930	2.219	0.505%	-0.706	1.115
2004	24.194%	0.020	0.537	2.776%	0.436	2.723	13.927%	0.998	2.693	26.836%	0.937	2.632	1.496%	0.448	2.991
2005	27.800%	0.031	0.625	6.446%	0.887	5.143	12.684%	0.997	2.609	24.901%	0.922	2.545	3.706%	0.996	6.637
2006	28.622%	0.094	0.653	6.671%	0.795	4.935	15.702%	0.997	3.347	20.602%	0.855	2.096	2.904%	0.997	5.333
2007	25.573%	0.018	0.586	11.852%	0.960	7.329	14.318%	0.997	3.325	27.407%	0.883	2.728	0.624%	0.986	1.035
2008	30.902%	0.158	0.727	6.485%	0.958	4.822	15.232%	0.997	3.778	25.599%	0.823	2.456	3.634%	0.998	4.308
2009	32.670%	0.158	0.772	8.729%	0.984	6.471	16.779%	0.994	4.522	17.058%	0.763	1.679	5.637%	0.999	6.691
2010	34.493%	0.195	0.874	6.328%	0.988	5.410	13.871%	0.995	3.604	20.646%	0.841	1.961	2.337%	0.998	3.021
2011	29.549%	0.162	0.776	7.834%	0.984	6.061	12.253%	0.992	3.360	23.760%	0.888	2.329	2.284%	0.996	2.793
2012	26.665%	0.145	0.719	9.249%	0.963	5.894	12.575%	0.989	3.311	16.708%	0.815	1.607	4.818%	0.999	4.320
2013	31.269%	0.252	0.817	7.052%	0.874	4.775	13.260%	0.994	3.496	21.348%	0.814	2.104	3.830%	0.998	3.734
2014	32.799%	0.266	0.859	11.355%	0.965	7.133	15.054%	0.991	3.870	16.291%	0.771	1.568	4.796%	0.998	4.802
2015	33.799%	0.240	0.903	10.204%	0.963	6.801	16.076%	0.988	3.953	14.556%	0.771	1.393	5.784%	0.999	5.905
2016	33.629%	0.222	0.890	11.565%	0.959	7.534	12.356%	0.985	3.095	14.779%	0.833	1.420	7.455%	0.998	7.367
2017	27.819%	0.151	0.748	14.871%	0.986	8.736	13.070%	0.989	3.403	15.647%	0.792	1.599	7.087%	0.998	6.660
2018	26.360%	0.120	0.699	20.550%	0.986	10.712	13.919%	0.990	3.636	13.302%	0.745	1.402	7.322%	0.998	6.792

资料来源：经计算所得，数据来自 FAOSTAT 数据库、UN Comtrade 数据库、WTO 数据库。

5.2.2 中国小麦国际竞争力分析

由图 5-3 可知，2000—2018 年，中国小麦国际市场占有率（WMS）尽管中间年份有所上升，但一直在 2%以下，表明我国小麦国际市场占有率极低，中国小麦的国际竞争力较弱。在 2003 年，中国小麦国际市场占有率曾达到 1.661%，但 2005 年锐减至 0.209%。之后虽然在 2007 年中国小麦国际市场占有率有回升到 1.579%，但之后不断下降。到 2012 年之后中国小麦国际市场占有率均接近于 0，中国小麦出口能力较弱。

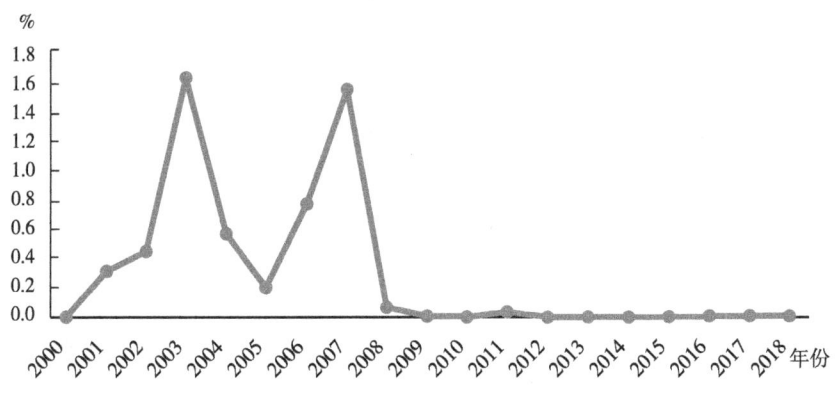

图 5-3　2000—2018 年中国小麦的国际市场占有率（WMS）变化情况

由图 5-4 可知，2000—2018 年中国小麦的贸易竞争力指数（TC）除少数年份外均为负值，表明中国小麦的国际竞争力极弱。2003 年中国小麦贸易竞争力指数为 0.552，出口还存在一定优势。在 2006—2008 年，中国小麦贸易竞争力指数处于 0.19 和 0.92 之间，表明当时我国小麦还具有一定的国际竞争优势，然而其他年份中国小麦贸易竞争力指数一直维持在 -0.9 左右，表明中国小麦一直处于净进口状态，国际竞争力较弱。2003—2007 年中国小麦显示性比较优势指数（RCA）还处于 0.1~0.5 之间，此时中国小麦还有一定的出口比较优势，然而 2007 年之后中国小麦显示性比较优势指数接近于 0，表明中国小麦不再具有出口比较优势。

总体来说，2000 年以来中国小麦国际贸易竞争力逐渐丧失优势。与加拿大、俄罗斯、乌克兰、美国以及欧盟等主要小麦出口国（经济体）

相比，中国小麦已处于明显的竞争劣势之中，出口能力下降，国际竞争力逐步减弱。

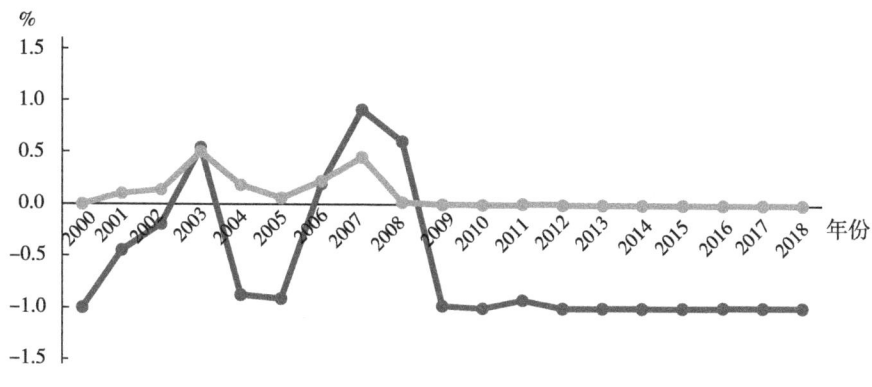

图 5-4　2000—2018 年中国小麦的 TC、RCA 变化情况

数据来源：经计算所得，数据来自 FAOSTAT 数据库、UN Comtrade 数据库、WTO 数据库。

第6章 我国粮食生产面临的风险与问题

我国粮食生产连续6年稳定在1.3万亿斤（1斤=0.5千克）以上，实现了"十七连丰"，谷物库存保持历史最高水平，实现了由长期供给不足向供求基本平衡的历史性转变，为保障国家粮食安全奠定了坚实的基础。但同时我国粮食生产的格局和特点也发生了重大变化，尤其是粮食生产所面临的风险依然存在。特别是新冠肺炎疫情的全球蔓延，粮食安全风险急剧增加。疫情使全球粮食体系的脆弱性凸显。准确研判我国粮食生产面临的风险与问题，对于保障国家粮食安全，推动粮食产业高质量发展具有重要的意义。

6.1 我国粮食生产面临的主要风险与问题

6.1.1 生态资源约束趋紧

随着工业化、城镇化进程的加速，近年来我国耕地面积呈减少趋势。实行"占补平衡"后，耕地绝对数量下降势头虽得到一定遏制，但"占优补劣"问题突出，耕地"非农化""非粮化"形势严峻。而且由于耕地资源长期透支、过度开发，大水、大肥、多药的粗放式经营造成了土壤地力下降、农业面源污染严重，生态系统退化，生态环境的承载力越来越接近极限。华北地下水资源超采严重，累计亏空1 800亿立方米左右，超采的面积达到了18万平方千米。局部地区存在化肥农药农膜残留、重金属等超标现象。据统计，我国农业化肥用量从1978年的884万吨增加到2019年的5 403.59万吨；农药用量从1991年的76.53万吨增加到2019年的150.36万吨；农膜从1991年的64.2万吨增加到2018年的246.68万吨，分别增加了5.1倍、1倍以及2.8倍。水稻、玉米、小麦三大粮食作物化肥和农药利用率分别为 39.2% 和 39.8%，仍然低于美国 50%、欧洲主要国家 65% 的水平。而且，目前我国有 3 亿亩耕地受到镉、镍、铜、砷、汞、铅等重金属污染，每年因重金属导致污染的粮食达 1 200 万吨。"十四五"时期，随着化肥和农药减量力度加大，重金属污染耕地和地下水超采地区治理推进，耕地轮作休耕制度化常态化，我国生态资源环境将有所改善，但生态资源约束依然严峻。

6.1.2 供需结构性风险突出

随着经济发展和人们收入水平的提高，居民的粮食消费需求结构发生了明显变化，人们对食物消费的多样化结构、质量、营养都提出了更高的要求。但目前我国农业大而不强、多而不优的问题突出，粮食等重要农产品供需结构性风险日益显现。从品种看，我国稻谷产大于需，仓储稻谷有待消化；小麦产需平衡有余，但专用优质小麦供给不足。当前国内优质强筋小麦产量为 350 万~450 万吨，市场需求量为 600 万~800 万吨，缺口为 300 万吨左右；玉米产需趋紧，要保持 90% 以上的自给率需要付出很大代价；大豆对外依存度长期超过 80%，产需缺口有进一步扩大趋势。从质量看，我国粮食品种普通产品多，优质、专用、绿色产品少，初加工产品多，精深加工产品少，不能满足消费升级和多样化的需求。根据中国农业产业模型（CASM）预测，2025 年我国人口数量将达到 14.21 亿，粮食缺口为 1.6 亿吨。"十四五"时期，随着人口增加和消费结构升级，粮食等重要农产品供需结构性风险将进一步凸显，未来如何满足新要求成为亟待解决的问题。

6.1.3 气候变化影响粮食生产的不稳定性增加

农业生产高度依赖于天气气候条件。目前，全球气候正经历着以变暖为主要特征的变化过程，温度的升高改变了农业生产环境条件，使作物种植结构和布局发生变化，积温带北移将有利于高纬度地区作物的生长发育。但是，这种变暖趋势将使三大主粮呈减产趋势，农业病虫害发生范围扩大，危害程度加重，农业成本和投资大幅增加。同时，气候变化引起的气象灾害频繁发生，农业生产的不稳定性增加，将对农业生产条件、农业自然资源以及农业自然灾害等方面产生深远影响。据中国气象局首席气象专家毛留喜预测,"十四五"时期,气候变化对农业生产的影响有利有弊,但总体弊大于利。降水的区域性和季节性将更加不均匀,旱涝将更加频繁。此外,高温热害对农业生产也将产生较大影响。在气候变暖的趋势下,气候演替有一定的周期性,下一个10年灾情加重的风险可能性更大。《中国气候变化蓝皮书(2020)》的数据显示,1951—2019 年,中国平均气温每10年升高约0.24 ℃,升温速率高于同期世界平均水平,极端高温事件也显著增加;年累计暴雨日数亦平均每10年增加约3.8%,极端强降水事件也呈增多趋势,而平均年降水日数趋于减少(中国气象局气候变化中心,2020)。更有研究预测,到21世纪末,气候变化可能使中国水稻、小麦和玉米的产量分别下降36.25%、18.26%和45.10%(何可等,2021)。

6.1.4 病虫害危害不容小觑

我国是农业生产大国,作物种类多,也是病虫害等生物灾害多发的国家。病虫害发生种类多、程度重、频次高、区域广,对我国农作物尤其是粮食作物安全生长造成较大威胁。我国粮食作物主要病虫害近200种,如不进行有效防治,每年造成粮食产量损失约15%。目前,我国粮食作物病虫害如小麦锈病、稻瘟病、水稻病毒病、小麦蚜虫、稻飞虱、玉米螟等大规模连年发生,危害程度之重、持续时间之长均为历史罕见。据全国农作物病虫测报网监测和专家会商分析,2021年小麦、水稻、玉米等粮食作物重大病虫害呈重发态势,预计全国发生面积21亿亩次,同比增加14%,对70%以上的产区构成风险。预计小麦"三病一虫"发生面积4.7亿亩次,同比增加13.8%。水稻"三虫两病"发生面积11.2亿亩次,同比增加12.6%。玉米"三虫一病"发生面积4.4亿亩次,同比增加13.4%。其中,草地贪夜蛾发生涉及黄淮海及以南玉米种植区。西南、华南发生代次多、程度重,江南、长江中下游可达中等发生,江淮、黄淮、西北、华北偏轻及以下程度发生,东北南部可能零星发生,预计见虫面积4 000万亩,其中长江以南占80%。此外,马铃薯晚疫病在西南大部、西北东部、东北和华北北部偏重流行,草地螟在内蒙古大部、东北西部等地偏重发生,境内飞蝗总体偏轻发生,境外沙漠蝗和黄脊竹蝗仍有再次入侵我国西南边境的风险。

6.1.5 主体种植意愿下降

随着我国农业生产资料价格上升,尤其是人工成本和土地成本的快速攀升,粮食种植收益在不断下降,影响了农民种粮积极性。2019 年,我国三大主粮亩均净利润为-30.5 元,成本利润率为-2.8。其中,稻谷的净利润为 20.4 元,成本利润率为 1.7;小麦的净利润为 15.1 元,成本利润率为 1.5;玉米的净利润为-126.8 元,成本利润率为-12.0。近年来,种粮收益已远远不能支撑农村居民的消费需求,各地均反映农民种粮积极性下降,部分地区种粮大户、合作社等缩减种粮规模或退出,甚至出现耕地抛荒现象。"十四五"时期,随着城镇化的发展和农民工工资水平的提高以及农业劳动力机会成本的增加,农业生产成本还将持续上升,国内外农产品成本和价格倒挂的幅度将会进一步扩大。这将进一步影响主体的种植意愿。

6.1.6 国际贸易不确定性风险增加

我国农业贸易体量巨大,已成为全球第一大农产品进口国和第二大农产品贸易国。在国际贸易市场中,中国粮食等重要农产品进出口贸易占据重要地位。中国海关以及 FAO 的统计数据显示,2020 年中国进口大豆 10 032.7 万吨,占全球出口总量的 62%。中国已经深度融入国际农业价值链,但由于缺乏定价权、供应链掌控力等,一旦全球贸易变化将迅即波及国内供需与价格。加之逆全球化思潮抬头、贸易摩擦不断等因素,加剧了国际贸易的不可控性和突发性。中国的粮食安全离不开世界,世界的粮食贸易深刻影响着中国粮食安全。随着全球贸易体系分化为各类相互交织的"贸易圈",全球壁垒丛生,大国战略博弈再度升级,国际农业经济格局正被不断重塑。而且,以美国为首的贸易保护主义也在不断抬头,尽管 2020 年中美签署第一阶段经贸协议,根据美国农业部(USDA)的预测,中国在 2021 年仍将是美国最大的农产品出口市场(USDA,2021),拜登政府上台后明确表态将保留与中国的第一阶段贸易协议,不会立即采取任何行动,包括取消关税,但仍要看到中美关系及国际局势瞬息万变,且拜登政府表示,将重新评估前总统特朗普时期的国家安全措施,其中包括中美第一阶段经贸协议。"十四五"时期,中国稳定粮食等重要农产品进口

6.1.7 粮食浪费现象严重

长期以来，我国高度重视粮食生产和稳定供应，粮食生产连续5年稳定在1.3万亿斤以上，但各个环节尤其是餐饮环节的粮食浪费现象相当严重，既加剧了粮食供需紧张，影响国家的粮食安全，还会造成环境污染。据联合国粮农组织（FAO）估计，中国每年在收割、运输、储备、加工过程中损失的粮食超过6%，粮食消费环节的浪费尤为严重。2018年发布的《中国城市餐饮食物浪费报告》显示，中国城市餐饮业仅餐桌食物浪费量在1 700万至1 800万吨之间，相当于3 000万至5 000万人一年的食物量。如果我国粮食减损一个百分点相当于减少损失650万吨，可以养活约1 600万人（按400千克粮食一年一人计算）。粮食浪费不仅仅意味着粮食本身的浪费，更意味着生产这些粮食所投入的水、土地、能源以及其他生产资料的无效消耗，以及由此导致的环境污染和温室气体的大量排放。当前社会这种不恰当的食物消费及其所带来的资源环境压力，已经成为制约我国社会经济健康持续发展的重要瓶颈。粮食是人类赖以生存的物质基础。当前，受全球极端气候变化、新冠肺炎疫情反复等因素影响，世界粮食安全将遭遇重大挑战。

6.2 暴发期新冠肺炎疫情对我国粮食生产整体形势的影响判断

此次新冠肺炎疫情对我国粮食生产和人民生活都造成了不同程度的影响。疫情之下，农业用工难、农资供应紧张、传统的技术下乡服务停滞、跨区耕作受阻，加之近年病虫害呈重发态势，国际形势也更加复杂多变，稳定粮食生产的压力和挑战加大。

6.2.1 生产影响不一，但总体形势可控

受疫情管控、双季稻效益低下等因素叠加影响，稻谷春耕生产面临一定压力。立春时节过后，全国从南到北大部分地区陆续进入水稻选种育秧和备耕的关键时期。南方地区水稻生产受疫情影响明显大于北方，早稻育

秧形势比较严峻，北方气温略偏低，春耕时间还有一定的缓冲空间。小麦春季田间管理和春耕备耕受一定影响，但总体形势可控。前期由于控制疫情的需要，多地高速公路封路、农村"村村封"给冬小麦田间管理和春小麦备耕工作造成了很大的不便。但随着《关于确保"菜篮子"产品和农业生产资料正常流通秩序的紧急通知》的下发，确保了当期小麦田间管理和备耕工作的有序开展。疫情对玉米春耕生产影响短期来看并不大。从区域布局来看，玉米生产地区主要分布在东北地区、西北地区、西南地区和黄淮海地区。从播种时间看，在疫情影响的时期内，只有西南地区处于春播期，但是该地区玉米产量占比小，因此对玉米总体生产情况影响并不大。

6.2.2 用工成本上涨，难度增加

受疫情影响临时性劳务工流动管控严格，工人外出务工的积极性也降到低点，农业用工难度增加。其中，以家庭成员为主要劳动力的散户日常管理基本得到保证，而一些种植大户、合作社和规模化生产企业因春耕需要大量用工而出现劳动力短缺，主要体现在两个环节。一个是耗费劳动力较多的育苗环节，用工成本大幅度上升，一些育苗场反映大棚田间管理用工价格较往年上涨20%甚至30%以上。有的企业反映工资增加，加上田间作业人员要戴口罩，用餐实行分餐制，造成人工费用比正常情况增加60%。一个是农机手等专业技术人员，熟悉机械化、现代化种植技术的高端技术工人数量存在数量不足的风险。根据中国农业科学院农业经济与发展研究所对"新冠肺炎疫情对三大粮食作物生产影响"的调研数据显示（后面简写为调研数据），23%的种植主体认为请不到工人，17%的种植主体认为用工成本上涨。

6.2.3 农资价格上涨，供应紧张

据国家统计局统计数据显示，2020年2月下旬开始，尿素、复合肥及农药价格迅猛上涨，相比2月下旬，3月上旬农药、尿素价格上涨幅度大，分别上涨3.7%和3.5%，复合肥相对上涨缓慢，为0.3%。3月下旬以来，随着国内疫情缓和，农业生产资料价格出现下降，但仍高于疫情发生之前的价格。此外，农资产品的物流配送不畅，给春耕肥料供应带来明

显影响。由于原料、包装运输不畅，农资生产商主要依靠库存原料进行生产，处于高压运行状态。从化肥市场来看，受 2019 年下半年低迷影响，经销商、零售商的化肥库存储备较往年同期有所减少，节后农资企业开工延迟、减产、停产增多。如果疫情持续时间长、企业库存耗尽，很多农资企业将面临停产，关联的农资短缺问题将会随之而来。根据调研数据显示。47%的种植主体认为在购买种子、农药等生产资料过程存在运输困难。

6.2.4 技术下乡停滞，跨区耕作受阻

植保下乡、技术下乡、农机维修服务等生产性技术服务活动被迫停止，春耕备耕技术服务力量短期不足。受疫情影响以厂商和批发零售商开展订货会、农民培训会、现场观摩会等形式开展基层促销推广工作和技术服务工作无法通过线下进行，技术服务力量短期不足，对粮食生产指导产生一定影响。此外，土地流转农户跨区作业难度加大，影响未来收益。受疫情影响，农村各村组处于封村封路状态，难以实现跨区作业。很多在其他村落租用土地的种植户，由于生产资料运不进去，农事工作无法顺利开展，从长远来看很可能影响种植收益和种粮积极性。

6.2.5 国际形势更加复杂多变，不稳定、不确定因素显著增加

随着新冠肺炎疫情在全球蔓延，部分国家出台粮食出口限制禁令。俄罗斯暂停出口去壳谷物；小麦主要出口国哈萨克斯坦禁止小麦粉、糖、葵花籽油的出口；越南暂停各种形式出口大米；塞尔维亚停止葵花籽油等货品出口。由于疫情的影响，全球经济下行风险加剧，不稳定、不确定因素显著增加。一些专家判断，不排除将会有更多国家采用更为严格的粮食管控措施。各类风险叠加恐将引发全球粮食危机。

第7章 我国粮食经营主体种植现状研究
——以山东省为例

7.1 我国粮食生产经营主体概况

新型农业经营主体是为了区别传统农业经营主体概念而提出的,新型农业经营主体的形成与家庭承包经营制度相伴而生,也是农业生产过程中不断专业化分工的产物,是实现现代农业和农村改革的重要推动力量。新型农业经营主体是一种以商品化生产为主要目标的现代化产业经营主体和新型农业经营组织。它实行的是规模化农业生产经营,在农业生产经营活动中充分运用现代化的农业生产手段,通常具有先进的工具设备及生产管理经验,较高的资源利用率、劳动生产效率以及农地的生产率。通过形成更高效的链条化生产,使农户获得可观的经营收入,提高农户的生活水平。

目前,新型农业经营主体主要分为四类:专业种养大户、家庭农场、农民专业合作社、农业龙头企业。其主要特征可以简化为"四化",即集约化、专业化、组织化和社会化。①集约化:在较小面积的土地上获得较高产量和收入的一种集经济效益、生态效益、社会效益为一体的农业经营方式。②专业化:相对兼业化而言,是农村社会分工深化和经济联系加强的结果。③组织化:通过把分散的小农组织起来,建立有规模、有组织、有科学管理的合作形态,加强对信息的搜集和辨识,以应对日渐激烈的国内外市场竞争。④社会化:一是农业生产过程的社会化;二是产品的社会化,即农产品通过交换供应整个社会,而不是自给自足。

当前,我国新型农业经营主体呈现出多主体并存、多领域融合、跨区域联动的发展格局,引领现代农业建设。自党的十八大报告提出构建集约化、专业化、组织化、社会化相结合的新型农业经营体系以来,多元化农业规模经营主体和社会化服务组织不断涌现。党的十九大又提出"实现小农户和现代农业发展有机衔接",其具有丰富政策内涵。截至2019年年底,全国家庭农场超过70万家,依法注册的农民合作社220.1万家,从事农业生产托管的社会化服务组织数量42万个。新型农业经营主体不仅是现代农业发展主体、主要农产品供给主体,同时还是社会化服务主体。据研究,在家庭农场中,相当一部分从事社会化服务业务。220多万多家农民合作社不仅覆盖了50%左右的农户,其中不少还给非成员提供服务。新型农业经营主体数量和规模的不断壮大,有力推动了多种形式的适度规模经营稳步发展。以家庭农场、农民专业合作社、农业产业化龙头企业、社会化服务组织等为代表的多元化新型农业经营主体逐渐成长为发展现代农业和实现乡村振兴的重要力量。

示范性新型农业经营主体对农户的带动形式多样,包括为成员提供统购统销服务、成员培训、资金和技术支持等。以农民专业合作社为例,《中国农民专业合作社发展报告(2018)》的数据显示,全国示范社在2018年培训成员和农民平均每家为1 206人次,培训人次在50~100区间的示范社占比超过四成,超过九成的示范社为成员提供统购统销服务,2018年度为成员统一购买生产资料总额平均每家为561.33万元,为成员统一组织销售农产品总额平均每家达1 186.19万元。农业农村部管理干部学院和中国农村合作经济管理学会联合发布的《国家农民合作社示范社发展指数研究报告(2019)》报告显示,截至2019年底,在市场监管部门登记的农民合作社超过220万家,其中县级及以上示范社15.71万家,国家农民合作社示范社8 470家;2019年度国家农民合作社示范社300强的经营收入均值为5 789万元,成员数均值为736个,带动非成员农户数平均为2 456户,具备了较强的经济实力和社会影响力。[①]

7.2 山东省粮食经营主体概况

山东省新型农业经营主体发展迅速,农业经营方式在不断转变,从省

---

① 国家农民合作社示范社发展指数研究报告(2019)在京发布300强国家示范社2019年营收均值5 789万元, http://www.moa.gov.cn/xw/zwdt/202012/t20201218_6358435.htm

到市级单位出台了各种经营主体的扶持政策。2020年,家庭农场、合作社、龙头企业、社会化服务组织和农业产业化联合体等各类经营主体超过50万家,其中家庭农场8.28万户、农民专业合作社22.41万家各类社会化服务主体13.6万家。全省年销售收入500万元以上的农业龙头企业超过1万家,其中,国家级龙头企业106家,居全国第一位。参与产业化经营的农户超过1 800万户。农产品网络零售额持续增长,2020年达到360.3亿元,总量居全国第五位。随着农业供给侧结构性改革政策的深入,山东省粮食播种面积逐渐稳定,其种植结构不断变化,各类新型农业经营主体正处于一个好的发展时机。山东省现代化农业发展水平较高,其中粮食种植主要是玉米和小麦,随着机械化水平的提高,山东集中化规模经营在逐渐扩大,大机械规模作业较为广泛,从国家到省市不断加大对粮食经营主体的各项生产补贴和政策扶持支持力度。新型经营主体作为近些年逐渐发展的新模式,仍有部分不完善的地方,普通农户、专业大户、家庭农场等在生产经营方面还存在一些困难和问题,例如资金不足、管理技术不成熟、抗风险能力较低等还待解决。

2021年1月26日山东省发布《中共山东省委山东省人民政府关于全面推进乡村振兴加快农业农村现代化的实施意见》,提出要推动家庭经营与集体经营、合作经营、企业经营共同发展,构建完善分工协作、集约高效的现代农业经营体系。引导土地经营权有序流转,发展多种形式的农业适度规模经营。深入实施家庭农场培育、农民合作社规范提升行动,推动村党组织领办合作社,培育具有竞争力的农业产业化龙头企业,鼓励农业产业化联合体发展,培植多元化、专业化服务主体,建立完善各类生产经营主体、服务主体与小农户利益联结机制。到2025年,省级以上农业产业化龙头企业达到1 200家、省级家庭农场示范场达到1 200家、省级农民合作社示范社稳定在4 000家。深化土地托管服务,开展农业生产托管项目试点,2021年项目托管面积达到450万亩以上。支持建立区域性农业全产业链综合服务中心。到2025年,省级以上农业产业化龙头企业达到1 200家、省级家庭农场示范场达到1 200家、省级农民合作社示范社稳定在4 000家。深化土地托管服务,开展农业生产托管项目试点,2021年项目托管面积达到450万亩以上。支持建立区域性农业全产业链综合服务中心。

7.3 山东省粮食种植现状

山东省位于我国东部沿海,是农业生产大省,也是我国重要的粮食主产区,其粮食耕种面积长期居全国前列。山东省地理位置优越,位于黄河下游冲积平原,土地肥沃,其粮食作物以小麦、玉米为主。历史上由于黄河泛滥,粮食产量不稳定,现在随着农业现代化水平的提高,山东省的粮食产量逐渐稳定,如图7-1所示,根据2019年国家统计局数据整理,山东省粮食总产量为5 357万吨,居全国粮食产量排行第三,其亩均产量为429.6公斤/亩,居全国第七,2020年粮食总产量达到5 446.8万吨,连续7年站稳千亿斤台阶,粮食亩产达到438.5公斤,再创历史新高。农村居民收入增长平稳。

2019年,山东省农村居民人均可支配收入17 775.5元,增长9.07%,城乡居民收入比为2.38∶1。2020年农村居民人均可支配收入18 753元,比2015年增加5 823元,增长45.0%,快于同期城镇居民收入增速6.4个百分点。城乡居民收入倍差逐年下降,由2015年的2.44缩小到2020年的2.33。山东省粮食生产水平和农民收入都远高于全国平均水平,但山东省人口众多,人均耕地面积仅为0.082公顷,随着山东省城市化、工业化的快速发展,农村劳动力倾向于进城务工,劳动力不足及农村空心化等问题影响了粮食持续种植,基于山东省在全国粮食生产和消费中的代表性,分析山东省粮食经营主体的种植行为具有深远的意义。

7.3.1 山东省粮食种植规模现状

粮食种植规模影响粮食产量的大小,而粮食经营主体的种植行为变化也体现在粮食作物种植规模占农作物总种植规模比例的变化上,通过对山东省统计年鉴数据整理研究,如表7-1所示。

山东省农作物的种植面积从2000年的17 297.4万亩变为2019年16 399.7万亩,19年间减少了897.7万亩,增长率为-5.19%。全省粮食种植面积从2000年的11 658.6万亩增长至2019年的12 469.2万亩,增加了810.6万亩,增幅为6.95%。总体来看,山东省粮食作物的种植规模呈现缓慢增长趋势,但种植面积逐年波动,波动幅度相对稳定。

从粮食种植面积占农作物总种植面积的比例来看,2000—2019年,

第7章 我国粮食经营主体种植现状研究——以山东省为例

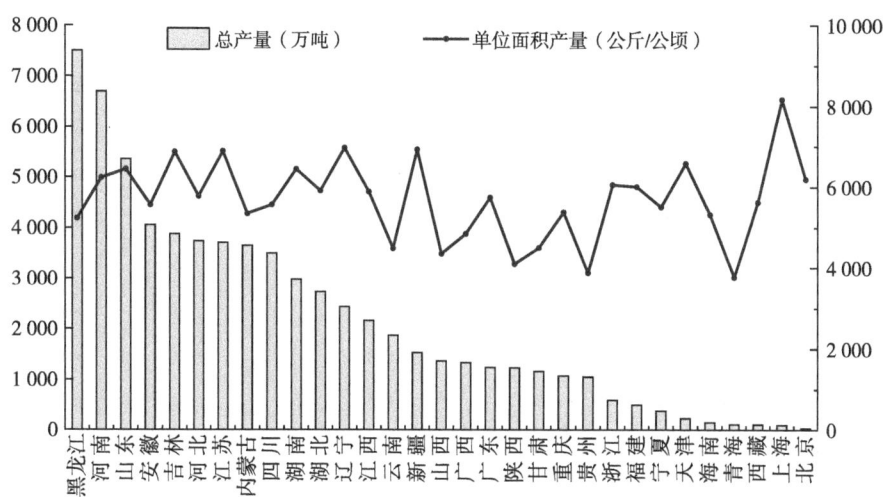

图7-1 2019年全国各省粮食产量排名

数据来源:《中国统计年鉴》计算整理。

山东省粮食种植面积占农作物总种植面积的比例总体上呈现缓慢上升态势。2000—2004年粮食种植面积占农作物种植面积的比重由67.4%下降为58.6%,2005年之后,粮食种植面积占农作物总种植面积的比重开始稳定上升,到2019年,山东省粮食种植面积占农作物总种植面积的比重已达到76.03%。农作物种植总面积在下降而粮食种植面积增加,同时粮食种植面积占农作物总种植面积的比例也在逐年上升,这表明山东省粮食经营主体的种植行为在逐渐转变,越来越多的农业经营主体的粮食种植积极性在逐渐提高。

表7-1 2000—2019年山东省粮食种植面积情况

年份	农作物总种植面积		粮食作物种植面积		比例(%)
	种植面积(万亩)	增幅(%)	种植面积(万亩)	增幅(%)	
2000	17 297.4	—	11 658.6	—	67.40
2001	16 899.1	-2.30	10 730.3	-7.96	63.50
2002	16 571.7	-1.94	10 368.9	-3.37	62.57
2003	16 327.9	-1.47	9 623.1	-7.19	58.94

(续表)

年份	农作物总种植面积		粮食作物种植面积		比例（%）
	种植面积（万亩）	增幅（%）	种植面积（万亩）	增幅（%）	
2004	16 164.1	-1.00	9 470.8	-1.58	58.59
2005	16 104.0	-0.37	10 067.6	6.30	62.52
2006	16 091.8	-0.08	10 196.2	1.28	63.36
2007	16 086.6	-0.03	10 404.7	2.05	64.68
2008	16 145.9	0.37	10 433.4	0.28	64.62
2009	16 167.6	0.13	10 545.1	1.07	65.22
2010	16 227.3	0.37	10 627.2	0.78	65.49
2011	16 298.1	0.44	10 718.7	0.86	65.77
2012	16 300.4	0.01	10 803.5	0.79	66.28
2013	16 464.6	1.01	10 941.9	1.28	66.46
2014	16 556.8	0.56	11 160.0	1.99	67.40
2015	16 539.8	-0.10	11 238.2	0.70	67.95
2016	16 917.9	2.29	12 776.0	13.68	75.52
2017	16 661.6	-1.51	12 683.4	-0.72	76.12
2018	16 615.2	-0.28	12 607.2	-0.60	75.87
2019	16 399.7	-1.30	12 469.2	-1.09	76.03

资料来源：2000—2020 年《中国统计年鉴》和《山东省统计年鉴》数据整理。

7.3.2 山东省粮食种植结构现状

党和政府对我国粮食市场经济结构改革体系日趋完善，从国家到省市的相关惠农政策的发布，使山东省粮食经营主体的种植结构也在逐渐优化调整。

表 7-2 所示为 2000—2019 年的山东省农作物种植结构现状。其中，粮食种植面积占比总体呈上升趋势，2000—2004 年相对有所下降，2005 年以后由于国家对农作物粮补政策的大力支持，粮食经营主体的种植积极性逐渐提高，粮食种植面积占比从 2005 年的 62.5% 上升至 2019 年

76.0%。油料和棉花等经济作物的占比相对较少,且种植面积都在逐年下降,油料作物的种植面积从 2000 年的 8.3%下降至 2019 年的 6.2%,年均增长率为-1.5%。棉花作物种植面积从 2006 年之后开始下降,从 2006 年的 8.7%下降到 2019 年 1.5%,年均增长率为-8.8%。同时,山东省也是蔬菜种植大省,蔬菜种植面积占比较高,但从 2004 年以后,蔬菜种植面积占比也在不断下降,从 2000 年的 17.8%降至 2019 年的 13.4%。可以看出,山东省农作物种植结构在不断调整,农户对与种植经济作物的积极性在逐渐降低,而粮食种植意愿受国家政策支持影响在逐渐上升,经营主体的粮食种植行为发生了改变。

表 7-2　2000—2019 年山东省农作物种植结构现状　　　　　　（%）

年份	粮食作物种植面积	油料作物种植面积	棉花种植面积	蔬菜种植面积
2000	67.4	8.3	4.7	17.8
2001	63.5	8.9	6.5	19.1
2002	62.6	8.9	6.0	20.7
2003	58.9	9.3	8.1	21.7
2004	58.6	8.8	9.8	18.3
2005	62.5	8.4	7.9	17.2
2006	63.4	8.1	8.7	16.2
2007	64.7	7.5	8.4	15.9
2008	64.6	7.5	8.3	16.0
2009	65.2	7.3	7.4	16.3
2010	65.5	7.5	7.1	16.4
2011	65.8	7.4	6.9	16.5
2012	66.3	7.3	6.3	16.6
2013	66.5	7.2	6.1	16.7
2014	67.4	7.0	5.4	16.9
2015	67.9	6.9	4.7	17.1
2016	75.5	6.5	2.5	12.9

(续表)

年份	粮食作物种植面积	油料作物种植面积	棉花种植面积	蔬菜种植面积
2017	76.1	6.5	1.6	13.2
2018	75.9	6.4	1.7	13.4
2019	76.0	6.2	1.5	13.4

资料来源：2000—2020 年《中国统计年鉴》和《山东省统计年鉴》数据整理。

7.3.3 山东省劳动力投入现状

近年来，山东城市化、工业化发展速度加快，城乡居民生活水平差异较大，部分农村年轻劳动力更倾向于选择进城务工，以获取更高的经济收益。另外，随着农业现代化、机械化程度发展水平的提高，传统的农机具减少，大规模的机械作业比例增加，农业用工量需求减少，农业从业人员逐年下降。

如表 7-3 所示，山东农村人员数量从 2000 年的 3 617.1 万人下降至 2019 年的 2 891.4 万人，减少了 725.7 万人，年均增长率为-1.2%，截止 2019 年底，农村就业人员占农村总人口的比例为 74.6%。农林牧渔业从业人数从 2000 年的 2 335 万人下降到 2019 年 1 656.6 万人，相比之前减少了 678.4 万人，年均增长率为-1.8%。从事农林牧渔业的从业人数占乡村总从业人之比也在逐年下降，从 2004 年的 70.9%下降到 2019 年的 57.3%。从事农林牧渔业人数比例比农村农业人员的比例下降，说明在农村劳动力流失的情况下，农林牧渔业的从业人员的积极性不断降低，农业劳动力减少，粮食经营主体的种植意愿下降，这对粮食种植行为产生严重的影响。

表 7-3 2000—2019 年山东省农村劳动力情况

年份	农村从业人员		农林牧渔业从业人员		占比（%）
	人数（万人）	增幅（%）	人数（万人）	增幅（%）	
2000	3 617.1	—	2 335.0	—	64.6
2001	3 589.9	-0.8	2343.3	0.4	65.3

(续表)

年份	农村从业人员		农林牧渔业从业人员		占比(%)
	人数（万人）	增幅（%）	人数（万人）	增幅（%）	
2002	3 578.3	-0.3	2 286.1	-2.4	63.9
2003	3 590.8	0.3	2 276.9	-0.4	63.4
2004	3 587.7	-0.1	2 542.1	11.6	70.9
2005	3 563.9	-0.7	2 350.3	-7.5	65.9
2006	3 535.0	-0.8	2 328.0	-0.9	65.9
2007	3 519.9	-0.4	2 265.2	-2.7	64.4
2008	3 507.5	-0.4	2 313.4	2.1	66.0
2009	3 490.8	-0.5	2 298.5	-0.6	65.8
2010	3 474.5	-0.5	2 273.1	-1.1	65.4
2011	3 471.2	-0.1	2 213.5	-2.6	63.8
2012	3 470.0	0.0	2 168.0	-2.1	62.5
2013	3 427.4	-1.2	2 086.0	-3.8	60.9
2014	3 405.5	-0.6	2 023.2	-3.0	59.4
2015	3 376.6	-0.8	1 963.2	-3.0	58.1
2016	3 371.4	-0.2	1 935.1	-1.4	57.4
2017	3 329.2	-1.3	1 856.6	-4.1	55.8
2018	3 135.9	-5.8	1 718.2	-7.5	54.8
2019	2 891.4	-7.8	1 656.6	-3.6	57.3

资料来源：2000—2020年《中国统计年鉴》和《山东省统计年鉴》数据整理。

7.3.4 山东省粮食经营主体生产资料投入概况

粮食经营主体的种植行为来源于生产收入的增加，成本收益是经营主体在种植过程中最重要的影响因素之一，特别是零散种植户的生产资料投入主要依靠于种植户家庭本身的资本积累，因此种粮收益的多少决定了粮食经营主体是否进行种植行为。

通过图表可以看出，山东省的粮食经营主体在种植中每亩的生产资料投入量在逐年减少。如图7-2所示，山东省化肥每亩投入量从2000年121公斤/亩降至2019年72.8公斤/亩，平均每年每亩降低2.5公斤，年均增长率为-2.6%；如图7-3所示，薄膜每亩的投入量从2000年1.9公斤/亩降至2019年1.6公斤/亩，相比2000年降低了0.3公斤，年均增长率为-0.8%。如图7-4所示，柴油每亩的投入量从2000年13.5公斤/亩降至2019年8.4公斤/亩，相比2000年降低了5.1公斤/亩，年均增长率为-2.5%；如图7-5所示，农药每亩的投入量从2000年的1.2公斤/亩降低到2017年的1.1公斤/亩，年均增长率为-0.9%；如图7-6所示，农村用电量每亩的消耗量从2000年的17.2万千瓦时/亩增加至2017年的38.5万千瓦时/亩，比2000年增加了21万千瓦时/亩的用电量，年均增长量为5.1%。

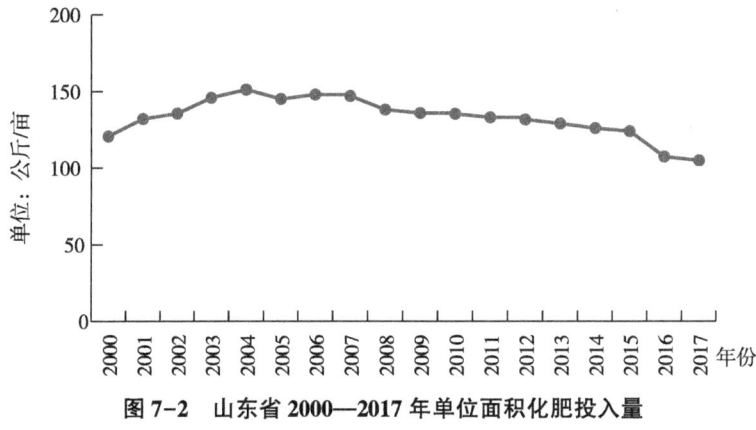

图7-2 山东省2000—2017年单位面积化肥投入量

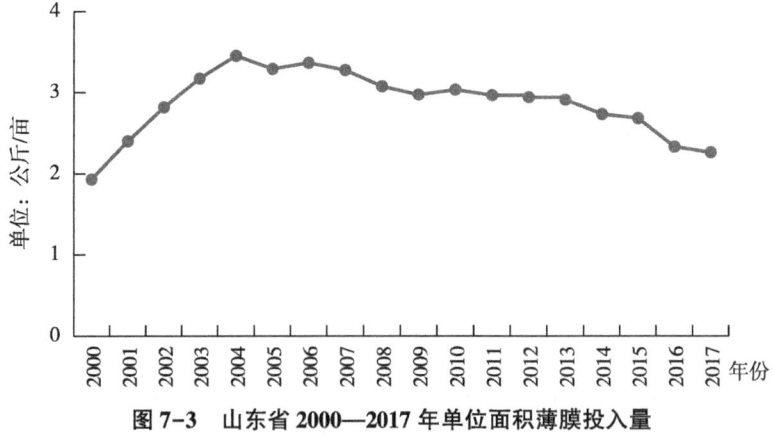

图7-3 山东省2000—2017年单位面积薄膜投入量

通过图 7-2 至图 7-6 可以看出，农业经营主体对于部分粮食种植的必要生产资料投入量在不断减少，由于生产资料价格的上涨，导致化肥、柴油和农药的每亩投入量从 2000 年至 2017 年在逐年下降。通过各类生产资料的每亩投入量变化可以看出农药、柴油和化肥的投入量相对减少，而薄膜和农村用电量相比 2000 年有增加。从总体上来看，山东省粮食生产资料投入是在逐年下降，生产要素的减少，会导致粮食经营主体的种植投入成本减少，在经营主体的种植规模不变的情况下，粮食经营主体的种植意愿将会提高，成本降低，经营主体的生产效益提高，更会趋向于转变种植结构，有效地提高了种粮积极性。

图 7-4　山东省 2000—2017 年单位面积柴油投入量

图 7-5　山东省 2000—2017 年单位面积农药投入量

图 7-6 山东省 2000—2017 年单位面积农村用电消耗量

7.4 山东省粮食经营主体成本收益分析

生产收益的高低是粮食经营主体种植行为中最重要的影响因素,粮食经营主体在进行种植时的成本主要体现在物质费用、雇工费用和土地费用。本研究整理了国家统计局编制的《全国农产品成本收益资料汇编》中山东省 2019—2020 年的小麦生产成本、玉米生产成本收益数据进行研究分析。

7.4.1 粮食种植成本

山东是粮食大省,粮食作物主要以小麦和玉米为主。由表 7-4 可知,山东省小麦种植总成本从 2018 年的 1 003.80 元/亩增至 2019 年的 1 021.88 元/亩,玉米的种植总成本由 2018 年的 959.93 元/亩降至 2019 年的 955.17 元/亩,小麦种植总成本呈现上升趋势,玉米的种植总成本呈现下降趋势。其中小麦种植成本中的物质成本和人工成本相比上年都有所提高,土地成本占总成本的比重由 16.93% 增长至 17.13%,玉米的成本结构中人工成本有所降低,而物质费用和土地成本及其占比均有所提高。

表 7-4　2018—2019 年山东省粮食总成本结构

作物	年份	总成本（元/亩）	物质成本（元/亩）	占比（%）	人工费用（元/亩）	占比（%）	土地费用（元/亩）	占比（%）
小麦	2018	1003.80	470.75	46.90	363.15	36.18	169.90	16.93
	2019	1021.88	480.46	47.02	366.35	35.85	175.07	17.13
玉米	2018	959.93	408.28	42.53	387.24	40.34	164.41	17.13
	2019	955.17	416.64	43.62	372.03	38.95	166.50	17.43

资料来源：2019—2020 年《全国农产品成本收益资料汇编》数据整理。

山东省粮食生产总成本中的物质成本投入主要包括种苗费用、肥料费用、农药费用、机械作业费用、排溉费用、材料费用，而间接费用包括设施折旧费用、保险费用和销售成本。根据表 7-5 所示 2018—2019 年山东成本收益数据整理可得山东省粮食种植中的物质费用成本中直接费用及间接费用均有所提高。小麦的直接费用从 2018 年的 460.55 元增至 2019 年 470.04 元，其中，种苗、化肥、农药、机械费用均有增加，排灌、材料费用有所降低。玉米的直接费用从 2018 年的 397.98 元增至 2019 年的 406.21 元，与小麦不同的是，玉米的种苗、材料费用有所降低，但化肥、农药、机械作业、排灌费等费用均有所提高。在整个生产投入费用结构中，肥料费、机械作业费用、种苗费的占比最高，其中小麦在 2018—2019 年间这三项费用平均占比分别为 36.1%、33.5%、10.8%，玉米的三项费用平均占比分别为 37.9%、31.5%、12.4%。化肥费用在总投入成本中占比最大，其次是机械作业费用。由于山东省机械化程度较高，机械价格的上涨，粮食经营主体在种植过程中，希望扩大种植规模，提高粮食的产量，引起机械作业费用的升高。

综上所述，影响粮食种植过程中的主要因素是机械作业费、肥料费、种苗费，要提高经营主体的生产收入，降低粮食生产成本，必须降低这三项投入费用成本。

表 7-5　2018—2019 年山东省粮食物质成本投入

年份	小麦				玉米			
	2018 费用（元/亩）	占比（%）	2019 费用（元/亩）	占比（%）	2018 费用（元/亩）	占比（%）	2019 费用（元/亩）	占比（%）
直接费用	460.55	45.88	470.04	46.00	397.98	41.46	406.21	42.53

(续表)

年份	小麦				玉米			
	2018费用（元/亩）	占比（%）	2019费用（元/亩）	占比（%）	2018费用（元/亩）	占比（%）	2019费用（元/亩）	占比（%）
1. 种苗	50.07	10.87	50.52	10.75	50.02	12.57	49.44	12.17
2. 化肥	164.39	35.69	171.93	36.58	151.48	38.06	153.13	37.70
3. 农药	18.65	4.05	20.67	4.40	23.09	5.80	24.01	5.91
4. 机械作业	155.38	33.74	156.76	33.35	124.97	31.40	128.66	31.6
5. 排灌费	43.29	9.40	42.17	8.97	25.92	6.51	28.58	7.04
6. 材料费	3.17	0.69	3.12	0.66	2.93	0.74	2.88	0.71
间接费用	10.20	1.02	10.42	1.02	10.30	1.07	10.43	1.09
1. 设施折旧	3.97	38.92	4.05	38.87	3.98	38.64	3.81	36.53
2. 保险费	6.15	60.29	6.27	60.17	6.07	58.93	6.48	62.13
3. 销售费	0.08	0.78	0.10	0.96	0.25	2.43	0.14	1.34

资料来源：2019—2020年《全国农产品成本收益资料汇编》。

7.4.2 粮食种植收益

粮食生产收益一般是指粮食经营主体在种植后的经济收入，粮食种植收益的主要内容有总收益、净利润和成本收益率。其中总收益为粮食生产总产值，净利润为粮食总产值减去在粮食种植过程中所有生产要素的成本投入资金，包括物质服务费、人工成本费用和土地成本费用，净利润反映了全部生产要素的净收益；成本收益率是粮食生产的净利润与粮食生产成本的之比，通过成本收益率能直观的分析粮食生产效益。

2018—2019年山东省粮食生产较为稳定。由下表7-6可知，小麦种植总成本呈现上升趋势，玉米的种植总成本呈现下降趋势。小麦整体成本利润率高于玉米，小麦平均收益率为6.68%，玉米平均收益率为-5.68%。粮食经营主体在扩大种植规模的同时，相应的承担的更大的市场风险，这需要经营主体提高抗风险能力。小麦种植户总收益有较大增长，2019年比2018年总收益增加了120.13元/亩，玉米种植户总收益变化微弱，2019年比2018年总收益减少了0.61元/亩。由于粮食生产的不稳定性和极高的风险性，党和政府需要正确引导经营主体种植行为，加强农户的坑风险能力，提高政策补贴，使农户稳定生产，提高生产积极性，增加成本收益。

表7-6 2018—2019年山东省粮食种植收益

作物	年份	总成本（元/亩）	总收益（元/亩）	净利润（元/亩）	成本利润率
小麦	2018	1 003.80	1 020.91	17.11	1.70
	2019	1 021.88	1 141.04	119.16	11.66
玉米	2018	959.93	903.48	−56.45	−5.88
	2019	955.17	902.87	−52.30	−5.47

资料来源：2019—2020年《全国农产品成本收益资料汇编》数据整理。

第 8 章 我国粮食经营主体种植行为影响因素研究

——以山东省为例

8.1 研究区选择及数据来源

8.1.1 研究区选择

德州市位于山东省的西北部,是山东重要的农业大市,2017 年德州市在山东省各市粮食总播种面积和总产量中位居第二,德州市粮食种植面积占山东省总种植面积的 12.7%,同年粮食产量占山东粮食总产量的 13.8%。如图 8-1 所示。

陵城区是山东省德州市辖区,地处黄河下游冲积原,总面积为 1 213 平方公里,2017 年全县总人口共计 57.7 万人,其中农业人口有 48 万。陵城区是农业大县,2017 年全区农作物种植面积为 201.1 万亩,粮食种植面积 192.52 万亩,占总种植面积的 95.7%。截至 2017 年底,全区土地流转面积有 25.6 万亩,占耕地总面积的 26.5%。培育规模以上家庭农场 68 家,培育种植大户 359 户;培育农民专业合作社 1 039 家。

临邑县位于德州市的东南部,地处环渤海经济圈。截至 2017 年底,临邑县总面积为 1 016 平方千米,全县总人口为 54.19 万,其中耕地面积为 160.36 万亩,占全县总面积的 64.87%。临邑县也是全国的优质商品粮生产基地,是德州市的主要粮食生产县。2017 年临邑县的粮食总产量突破 100 万吨,实现"十三连增",已成为全国粮食增产试点县和省级现代农业示范区,并连续多年被评为全国粮食生产先进县。临邑县现拥有农民专业合作社 1 281 家,经营规模 50 亩以上的粮食种植经营户有 408 户。

第 8 章 我国粮食经营主体种植行为影响因素研究——以山东省为例

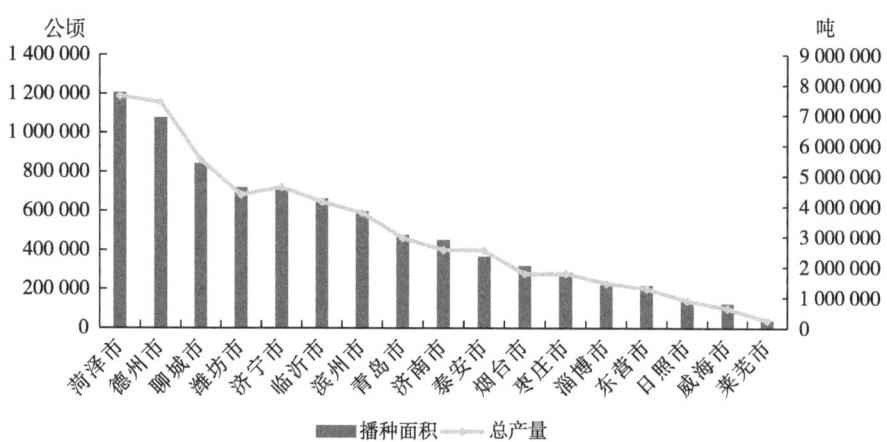

图 8-1 山东各市粮食播种面积和产量情况

数据来源：2017 年山东省统计年鉴。

8.1.2 数据来源

基于以上研究区的粮食资源禀赋，本次问卷调查选择在山东省德州市的临邑县和陵城区作为样本区域进行研究。本次调研的时间为 2017 年 7—9 月，调研采用随机抽样方式确定调研样本，主要在临邑县、陵城区两个县进行实地走访、发放调研问卷，各个县选择 3~4 个镇，每个镇随机抽选 10 户规模经营户，20 户普通农户以上。表 8-1 为调研样本分布表，共调研了临邑县、陵城区两个县（市）下属的 7 个乡镇 42 个村。发放问卷 220 份，回收整理有效问卷 197 份，样本有效率 89.5%。另外，为更好地了解粮食经营主体持续种植意愿情况，在 2018 年 11 月进行电话回访了解其持续种植意愿情况作为对比分析。

在 2017 年的调查统计中，将耕地规模 50 亩以下的划分为普通农户，共计 101 户，耕地面积合计为 1 651.7 亩；50 亩以上为规模经营户，其中，50 亩至 100 亩为小规模经营户，共 53 户，耕地面积合计为 3 081.09 亩；100 亩至 300 亩为中等规模经营户，共 32 户，耕地面积合计为 5 134.3 亩；300 亩以上为大规模经营户，共 11 户，耕地面积合计为 10 947 亩。

表 8-1 调研样本分布

县（市）	乡（镇）	村庄	经营主体问卷有效样本数
陵城区	糜镇	糜镇街、小吕村、前赵村、袁村	32
	滋镇	滋镇街、东杨村、展家村、大郭村	33
	前孙镇	单庄村、王庄村	23
临邑县	德平镇	茄子李村、郭湾村、宫屯村	42
	林子镇	王射斗村、林子街村、刘双庙村、曹寨村	10
	兴隆镇	魏家村、兴隆村、苗屯村	15
	翟家镇	翟家村、前党村、褚庵村、解家村、郭庙村	42

数据来源：根据 2017 年山东调研数据整理。

8.2 粮食经营主体种植行为描述性分析

8.2.1 粮食经营主体基本概况

（1）研究区粮食经营主体种植现状

研究区内所调研的粮食经营主体有 197 户，经营主体的耕地规模相对集中，规模经营户普遍采取的连片化集中规模经营。根据对临邑县和陵城区的调查研究，研究区内的机械化水平较高，机械化程度的提高增加了经营主体的生产效益，经营主体选择集约化规模经营有利于降低种植成本，提高粮食产量，增加粮食种植收益。

（2）研究区粮食经营主体土地流转情况

研究区内粮食经营主体的土地主要是从零散农户手中流转承包过来的，其中有 40% 的规模经营户通过口头合同进行耕地租赁，但这种不正规的"口头协议"租赁协议，会导致规模经营户在以后的生产过程中发生纠纷从而导致维权困难，对于粮食经营主体未来是否进行粮食种植行为来说会产生一定的阻碍。另外，土地流转的正规性和农地分散一定程度上也阻碍了粮食经营主体们经营的意愿，降低了粮食经营主体们的生产积极性。

(3) 研究区粮食经营主体雇工情况

根据与研究区内经营主体座谈情况整理，粮食经营主体特别是规模经营户的家庭劳动力供给不足，随着种植规模的扩大，需要雇人来协助进行播种、收割等种植行为。研究区内的规模经营户大多选择在农忙时节雇佣工人，平均每10亩雇工人数1人左右，平均用工时间10天左右。另外，由于耕地规模的不同，大规模经营户的雇工人员相对稳定，为长期雇佣，而小规模及中等规模经营户多是采取临时或季节性雇佣。由于研究区内机械化水平较高，随着规模的增加，粮食经主体的雇工数量在相对减少。

8.2.2 粮食经营主体特征

(1) 文化素质普遍偏低

根据调研数据整理分析（表8-2），研究区内的粮食经营主体的受教育水平普遍偏低，且大都为初中以下学历，其中，没上过学的由1.52%，受小学教育者占23.86%，受初中教育者占53.81%，受高中教育者占16.75%，而本科以上学历者仅占4.06%。受教育水平和粮食经营主体的种植行为具有很高的相关性，研究表明文化素质越高，对新事物和新技术的学习能力就更强，其市场信息分析能力和抗风险能力也更强，高学历者比低学历者更会经营管理，其种植行为和粮食经营主体的受教育水平密切相关。

表8-2 粮食经营主体受教育程度情况

受教育程度	人数	占比（%）
没上过学	3	1.52
小学	47	23.86
初中	108	53.81
高中	33	16.75
本科及以上	6	4.06

数据来源：根据2017年山东调研数据整理。

(2) 年龄分化明显

随着农村劳动力向城市二三产业大量转移，在农村从事农业劳动的年轻劳动力逐渐减少，通过对研究区内的粮食经营主体座谈了解，研究区内的普通农户劳动者普遍为老年人，而规模经营户为中青年人。其中规模经营户中年龄最小的是 33 岁，最大的是 68 岁，规模经营户的平均年龄为 49 岁，普通农户的平均年龄为 64 岁。年龄较大者的种植规模较小，普遍采用传统的耕作方式，而规模经营户中的中青年者更愿意去学习先进的生产技术，并主动去参加农技培训，他们普遍采用集中机械化生产，耕地利用率高，有效的保障粮食生产稳定和收入稳定。

(3) 农业技术水平较高

研究区内的粮食经营主体的农业技术水平较高，他们会主动去参加农技培训和政府组织的农业推广讲座，政府和农推办每年组织 7~8 次农业知识讲座并发放相关政策知识手册，根据调研情况整理，82%的粮食经营主体都会参加农业技术培训，且规模经营户比普通农户的参加比例更高，平均每年 4~5 次。经营主体主要进行生产种植，部分经营主体拓展其他服务业务来增加收入，例如农资买卖、信息服务等业务。经营主体会通过网络和农推服务站来获取政策信息，不同于普通农户，规模经营户由于耕地规模较大，通常选择雇工来减少自己的劳作时间，而普通农户的务农时间较多，这也导致规模经营户的自我提升时间更多，有更多的时间去了解和学习农业技术知识。

8.2.3 被调研区粮食种植情况

(1) 种植规模情况

为了更直观的理解和分析研究区内普通农户和规模经营户的种植行为状况，在调研整理的普通农户和规模经营户的种粮收益情况后，将规模经营户划分为大规模经营户、中等规模经营户、小规模经营户和普通农户的，以小麦和玉米为主，对不同规模粮食经营主体的生产成本与生产收益做出了比较分析。

调研区内的规模经营户共有 96 户，由图 8-2 和图 8-3 可以看出，2017 年不同经营主体的小麦、玉米亩产与种植规模效益显著，种植规模大小影响粮食种植收益。随着耕地面积的增大，小麦和玉米的亩产逐渐提升，其中中等规模经营户的亩产波动较为稳定，大规模经营户的单产较高但不太稳定，小规模经营户的单产普遍较低。耕地规模的大小会影响经营主体的其他要素投入，可以看出在耕地规模增加的情况下，其亩产呈现规模效益递增的现象。因此，鼓励粮食经营主体扩大粮食种植规模有利于提高生产效益，增加经营主体收入。

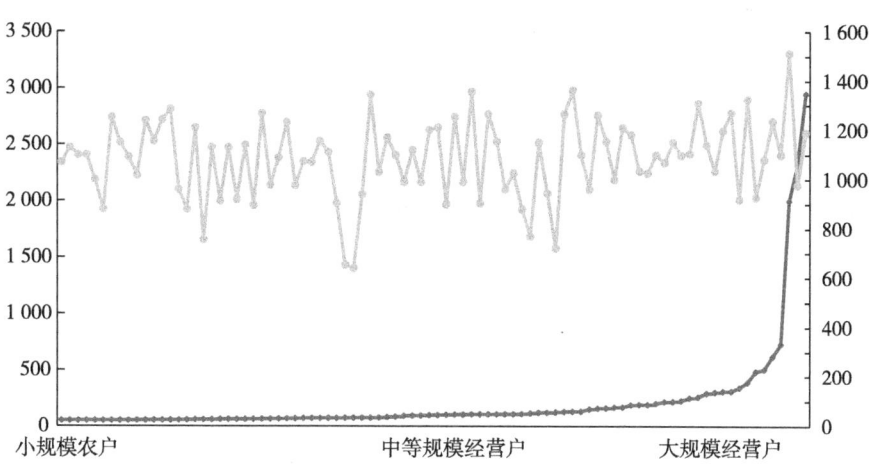

图 8-2 小麦亩产与播种面积

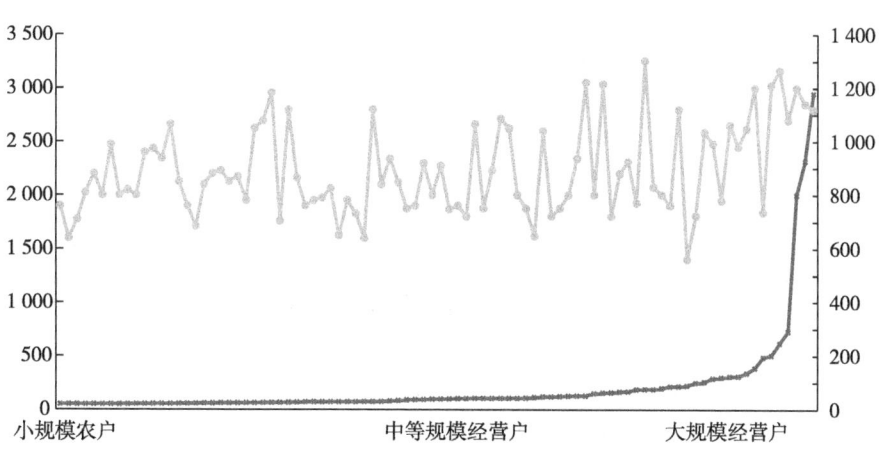

图 8-3 玉米亩产与播种面积

数据来源：根据 2017 年山东调研数据整理。

(2) 生产投入情况

在粮食种植过程中,不同粮食品种和不同规模的生产成本投入都是有差异的。粮食生产成本费用中主要包括物质资料投入、生产服务费用雇工费用和土地费用,物质资料投入包括种苗费用、化肥费用、农药费,生产服务费主要包括用水费、机耕费和其他费用。研究区内粮食经营主体的土地租金平均为800元/亩,雇工费用平均100元/人。

表8-3 不同规模经营主体粮食种植亩均成本情况

投入费用	普通农户	小规模经营户	中等规模经营户	大规模经营户
种苗费(元/亩)	71	64	55	49
化肥费(元/亩)	200	175	174	170
农药费(元/亩)	35	35	33	25
用水费(元/亩)	42	37	48	52
机耕费(元/亩)	68	60	51	39
其他费用(元/亩)	74	77	56	27
雇工费用(元/人)	100	100	100	120
土地费用(元/亩)	0	800	800	800
总成本(元/亩)	590	1 348	1 317	1 282

数据来源:根据2017年山东调研数据整理。

从表8-3可以看出,随着粮食经营主体规模的增加,经营主体的粮食种植成本在逐渐下降,小规模经营户的种植成本最高,普通农户的种植成本虽然较低,但由于普通农户没有土地租赁成本费用,除去土地租赁成本,规模经营户的总成本普遍低于普通农户的粮食种植成本。

通过调查发现,规模生产优势明显,随着规模的增加,其生产成本相对减少。经营主体在进行生产资料购买时,规模经营户的种子费用、农药费用和化肥费用均低于普通农户的购买价格,由于购买量和渠道不同其生产物资质量也普遍优于普通农户所购买的。由于普通农户的信息渠道较为缺乏,其生产物资也会导致普通农户的其他成本费用增加。大规模经营户的用水费普遍高于小规模经营户,对于机耕费用来说,由于研究区内粮食经营主体机械化水平较高，普遍采用集中机械化种植，机耕费用低于普通农户的机械使用成本，且国家政府对于购买大机械设备有农机补贴，普通农户不仅不能享受国家补贴，其机械租赁费用也会导致种植成本的增加。

（3）生产收益情况

由表8-4可以看出，随着经营规模的增加，调研区内的小麦和玉米亩产呈现上升的趋势，由于规模经营户的粮食种植技术优于普通农户，因此无论是小麦、玉米的产量或质量都优于普通农户，因此规模经营户的生产收益要高于普通农户。在售价方面，规模经营户的小麦和玉米价格也高于普通农户。由于规模经营户采用了专业生产经营方式已经购买优质种苗、化肥、农药等生产要素，使的小麦和玉米的亩产高于普通农户。

表8-4 不同规模经营主体粮食种植收益情况

品种	普通农户	小规模经营户	中等规模经营户	大规模经营户
小麦（斤/亩）	1 048	1 050	1 100	1 120
单价（元/斤）	1.08	1.1	1.14	1.21
玉米（斤/亩）	1 009	1 084	1 129	1 140
单价（元/斤）	0.78	0.78	0.80	0.84

数据来源：根据2017年山东调研数据整理。

由表8-4可以看出，不同经营规模的种植收益差距明显，随着规模的增大，粮食经营主体的成本收益率逐渐增加。小规模经营主体小麦和玉米的成本收益率较低但相对比较稳定，而中等规模经营主体的收益浮动变化较大，随着规模扩大利润增加但成本收益并不稳定，其波动情况较为严重。大规模经营主体由于前期成本投入较高导致种植效益增长不太高，但相对中等规模经营户种植收益较为稳定，由此可见粮食规模效益与不同规模粮食经营主体的相关性突出。总体上来说研究区内规模经营户的种植收益还是要高于普通农户的（图8-4，图8-5）。

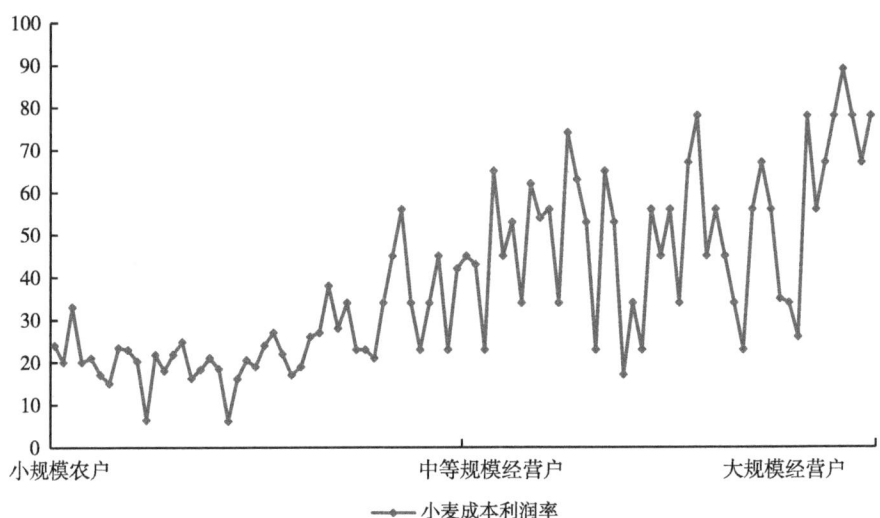

图8-4 不同规模小麦成本利润率

数据来源：根据2017年山东调研数据整理。

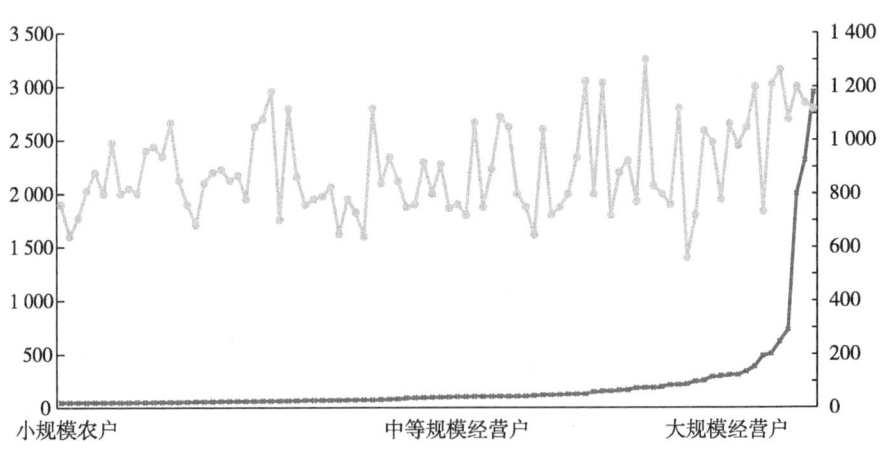

图8-5 不同规模玉米成本利润率

8.3 粮食经营主体种植行为影响因素实证分析

8.3.1 理论基础与变量选取

根据经济学基本原理可知,影响农户种植行为的因素一般包括家庭特征、生产特征、社会环境情况。

其中,家庭特征包括经营主体年龄、受教育年限、家庭收入、劳动力情况等相关因素。种植行为主要由户主决定,经营主体年龄越大,对新事物的接受能力越低,在生产经营中越保守,不会倾向于扩大经营规模;经营主体的受教育年限越久,越愿意去改变种植方式,扩大种植规模;同时,家庭收入越高,将会有充足资金购买农业机械和加大生产资料投入,有利于种植行为的变化;家庭劳动力中务农人数较多的有充裕的劳动力资源进行农业作业,从而扩大耕地规模。

生产特征中主要包括粮食生产收益、兼业行为和土地流转行为也会影响粮食经营主体的种植行为。其中粮食生产收益是粮食总收入减去生产资料成本投入,小麦亩均收益高,粮食经营主体将会生产,而玉米作为粮食主要竞争作物也会影响经营主体的种植行为,因此选取小麦亩均收益和玉米亩均收益作为影响粮食生产的因素。

另外,是否加入合作社、是否参加农技培训等社会环境因素也会影响粮食经营主体的生产决策,农户的生产决策行为同样受农业政策的影响。

本章基于上述分析选取2017年的粮食种植面积作为因变量,以上年的粮食种植面积作为反映种植行为变化的主要因素。最终选取的影响粮食种植面积的自变量有:2016年粮食种植面积、家庭收入、户主年龄、受教育年限、农业劳动力人数、粮食亩均纯收益、玉米亩均纯收益、是否兼业、土地流转情况、是否加入合作社、是否参加农技培训。

8.3.2 模型构建与变量描述

多元线性回归模型用来分析因变量受多种因素影响的常用模型,在社会经济条件下,变量往往受多种变量的相关影响,因此多元线性回归模型在经济学中应用十分广泛。

多元线性回归模型的一般形式如下:

$$Y_i = \beta_0 + \beta_1 x_{1i} + \beta_2 x_{2i} + \cdots + \beta_k x_{ki} + \mu, \ i = 1, 2, 3, \cdots, n \quad (8.1)$$

其中，Y_i 为被解释变量，x_1，x_2，$\cdots$，x_k 为解释变量，β_0，β_1，β_2，$\cdots$，β_k 分别表示常数项和解释变量的系数。AREA 表示 2017 年度的粮食种植面积，$AREA_{-1}$ 表示粮食经营主体 2016 年的粮食种植面积，最终的模型形式为：

$$\begin{aligned} AREA = &\beta_0 + \beta_1 AREA_{-1} + \beta_2 AGE + \beta_3 EDU + \beta_4 LABOUR + \\ &\beta_5 MO + \beta_6 API + \beta_7 LC + \beta_8 WIOCPM + \beta_9 NIOCPM + \\ &\beta_{10} SWS + \beta_{11} SWPS + \beta_{12} PCON + \beta_{13} TEP \end{aligned} \quad (8.2)$$

变量描述如表 8-5 所示：

表 8-5 变量说明

因变量	Area	2017 年粮食种植面积	具体数值	预期相关关系
自变量	Area-1	2016 年粮食种植面积	具体数值	+
	AGE	户主年龄	具体数值	+
	EDU	受教育年限	具体数值	+
	LABOUR	农业劳动力人数	具体数值	+
	MO	是否兼业	1=是，0=否	—
	API	农业种植收入	具体数值	+
	LC	是否流转土地	1=是，0=否	+
	WIOCPM	小麦亩均纯收益	具体数值	+
	NIOCPM	玉米亩均纯收益	具体数值	—
	SWS	对补贴的满意度	1=满意；0=不满意	+
	SWPS	对政策扶持的满意度	1=满意；0=不满意	—
因变量	Area	2017 年粮食种植面积	具体数值	预期相关关系
	PCON	是否加入合作社	1=是，0=否	+
	TFP	是否参加农技培训	1=是，0=否	+

8.3.3 模型结果分析

通过统计软件 Stata 对进行多元线性回归分析，结果如表 8-6 所示。

其中普通农户的观测值个数为 101，R^2 为 0.65，显著性水平为 0，规模经营户的观测值个数为 96，R^2 为 0.98，显著性水平为 0，两个模型的整体拟合程度较好。规模经营户和普通农户的种植行为影响因素有所不同，分析结果如下。

表 8-6　模型估计结果

	变量名称	普通农户		规模经营户	
因变量	2017 年耕地规模	系数	P 值	系数	P 值
	2016 年耕地规模	0.526***	0.000	0.986***	0.000
	年龄	0.224**	0.017	0.391	0.720
	受教育年限	15.099**	0.012	15.005	0.166
	劳动力人数	2.103*	0.080	3.527	0.770
	是否兼业	-4.488**	0.043	-11.217	0.652
	农业种植收入	3.646	0.736	0.020*	0.094
自变量	是否流转土地	4.130*	0.082	-5.465	0.938
	小麦亩均收益	0.002*	0.079	0.003**	0.042
	玉米亩均收益	-0.004	0.366	-0.017	0.637
	对补贴的满意度	0.811	0.699	33.433*	0.065
	对政策扶持的满意度	-0.614	0.699	-17.450	0.291
	是否参加农技培训	0.154	0.935	3.257	0.499
	是否参加合作社	2.513**	0.027	18.441	0.383
	常数项	-12.996	0.122	-13.994	0.289
	观测值个数	101		96	
	显著性水平	0.0000		0.0000	
	R^2	0.6513		0.9869	

注：*、**、*** 分别表示在 10%、5%、1% 的水平上统计显著。

（1）普通农户和规模经营户上年的粮食种植面积对本年粮食种植面积影响都较大，粮食经营主体的种植行为存在一定的惯性，可能来自传统粮食种植习惯及外出成本过高，但耕地面积变化较小，扩大经营面积的农户数量较少。

（2）对于普通农户来说，年龄、受教育程度及劳动力数量对于下一年种植有着较高的影响，由于普通农户家庭资源禀赋受限，受个体特征的影响较重，年龄偏高者种植行为越稳定，一般受教育年限越长的粮食经营主体，其学习和理解新技术和抗风险的能力就越强，能够更好地进行粮食生产；家庭劳动力数量更是对种植散户的种植行为有着正向影响。而这些因素对规模经营户的种植行为并未产生较大影响。

（3）是否兼业和是否有流转土地对普通农户影响较大，普通农户的兼业行为对种植行为显著为负，因为兼业户有其他收入来源，对于是否种植并没有特别的需求，农业收入并不是他们主要的收入来源，且有兼业行为的经营主体的主要精力投入了其他种植行为中。对于规模经营户来说，农业种植收入对其生产情况影响较大，农业种植收入增加其持续种植意愿更高。

（4）小麦亩均纯收益对普通农户和规模经营户的种植行为正，普通农户小麦亩均收益每提高100元，其种植面积将增加2亩；规模经营户的小麦亩均收益每提高100元，其种植面积将增加3亩。而玉米作为替代作为的影响程度不高。

（5）规模经营户对补贴的满意度更高，由于规模越大，国家基于农户的补贴福利越高，因此规模经营户相比普通农户所享受的政策补贴待遇更好，对种植行为越高。

（6）普通农户参加合作社对种植行为显著为正，加入合作社会有效促进农户生产，由于加入合作社的经营主体在粮食种植中有优惠活动，合作社会帮助农户选择优质种苗和提供生产服务，因此促进粮食经营主体持续种植。

第9章 我国粮食经营主体持续种植意愿实证分析

——以山东省为例

粮食经营主体是否愿意持续种植并扩大种植规模，取决于生产收益是否能够满足其自身期望。因此，研究持续种植意愿体现为粮食经营主体是否愿意扩大种植规模。本研究根据对山东省粮食经营主体的实地调研及电话回访对其持续种植意愿进行分析，本章粮食经营主体持续种植意愿可以分为两部分，一方面愿意持续种植并扩大种植规模；一类为不愿意扩大种植规模，即保持原有的经营方式不变。

9.1 粮食经营主体持续种植意愿统计分析

根据表9-1统计的结果，有效样本数中愿意持续种植的经营主体共有90户，而不愿意持续中种植的经营主体有107户。通过分类比较各个类型的经营主体可知，普通农户中有39.6%愿意扩大种植规模，小规模经营户中有59.1%的农户愿意扩大种植规模，中等规模愿意扩大种植规模的占比为51.2%，而大规模经营户只有3户愿意扩大种植规模。相比之下小规模和中等规模户的扩大意愿更强。

表9-1 经营主体粮食持续种植意愿统计情况

类型	总户数（户）	普通农户	小规模户	中等规模户	大规模户
愿意继续并扩大规模	90	40	26	21	3
不愿意且保持不变	107	61	18	20	8
不愿意且减少规模	23	16	5	2	0
合计	220	101	44	41	11

数据来源：调研数据整理。

根据调研经营主体对不愿意持续粮食种植的主观意见整理,经营主体不愿意持续种植粮食的主要原因有:成本收益问题、体力问题、缺少劳动力、水利设施、土壤质量等原因(表9-2)。

表9-2 经营主体粮食持续种植意愿原因分析

不愿意持续种植的原因	收益太低	年龄大体力不足	缺少劳动力	土壤质量差	水利设施差	其他原因
人数	68	79	68	58	58	62

数据来源:调研数据整理。

9.2 粮食经营主体持续种植意愿描述性分析

9.2.1 个体特征与持续种植意愿分析

(1)年龄特征与粮食持续种植意愿

调研区内的经营主体的年龄结构普遍以中老年为主,平均年龄为49岁。根据年龄特征与粮食持续种植意愿的比较来看,40~60岁的规模经营主体其粮食持续种植意愿最强,而高于60岁的经营主体其经营意愿相对较弱。一般来说,我国粮食种植过程中对经营者的生产经营要求较高,处于中年的经营主体生产经验和抗风险能力更高,所以更愿意扩大种植规模,而年龄较大者,因为体力不足,且行为趋于保守稳定,不太愿意扩大并承担相应的风险,因此选择保持规模不变的状态,其主动生产积极性逐渐降低(表9-3)。

表9-3 经营主体年龄与粮食持续种植意愿

年龄	愿意		不愿意	
	频数	占比(%)	频数	占比(%)
30~40	16	17.8	6	5.6
41~50	30	33.3	27	25.2
51~60	32	35.6	29	27.1
61以上	12	13.3	45	42.1

数据来源:调研数据整理。

(2) 文化程度与规模持续种植意愿

研究区内的文化程度普遍较低,大部分为初中学历,从其受教育程度来看,愿意持续种植并扩大的人数与不愿意的人数相差无几,并没有显著的影响关系(表9-4)。

表9-4 文化程度与粮食持续种植意愿

学历	愿意		不愿意	
	频数	占比	频数	占比
没上过学	1	1.11%	2	1.87%
小学	25	27.78%	22	20.56%
初中	48	53.33%	60	56.07%
高中	13	14.44%	20	18.69%
本科及以上	3	3.33%	3	2.80%

数据来源:调研数据整理。

9.2.2 生产特征与持续种植意愿

(1) 生产收入与持续种植意愿

研究区内粮食经营主体的主要收入来源,主要来源于农业生产收入,其中有153户是纯农业生产户,有44户还有其他兼业性收入。研究发现有其他收入的粮食经营主体的扩大意愿更强,而纯农业生产的经营主体持续种植意愿较低。研究分析经营主体的农业收入受气候不稳定条件和市场价格波动变化明显,由于经营收益的不稳定,使纯农业生产收入者的种植行为相对保守,在生产收益受到影响时不敢再扩大或者选择缩小现有的种植规模。

(2) 土地流转与持续种植意愿

研究区内规模经营户的转入地规模较多,而普通农户的流转耕地规模较小,规模经营户的流转大小在50亩至100亩之间,有37.4%的经营主体转入规模不足10亩。随着土地流转规模的增加,粮食经营主体的经营意愿在不断下降。其中土地流转规模在50亩以下的,其持续种植的意愿最高,土地流转规模超过200亩的规模经营户,其不愿意持续种植的意愿较强。经济学中提出规模经济效益表示种植规模并不是越大越好,我国现代农业生产中提倡适度经营，国家政策对小规模经营户的扶持力度更大，而大规模经营户由于生产规模的扩大，其成本投入更高，所面临的风险也越大，因此大部分经营主体选择适度规模生产，来保证生产利益稳定。

（3）投入成本与持续种植意愿

调研数据整理分析，普通农户和大规模的投入成本较低，但由于大规模经营户的雇工成本和土地租赁成本较高，导致总成本高于普通农户，但相应的大规模经营主体的生产收益高于普通农户。研究区内的土地租赁成本平均为 800 元/（亩·年），雇工成本平均 100 元/（人·天）。随着土地租赁价格较低，生产资料价格降低，其意愿更强。

9.2.3 认知状况与持续种植意愿

（1）农业补贴的满意度与持续种植意愿

近些年，山东省的农补政策主要包括种植优质稻的补贴、农机补贴等。对于农业补贴政策，大部分粮食经营主体是满意的，但是有 55 户对目前的优质稻和农机补贴标准和方式不满意。由此可见政府还需进一步改善粮食生产补贴方式，提高粮食经营主体的生产收益和生产积极性。

（2）农业技术、服务的满意度与持续种植意愿

根据调查发现，粮食经营主体对农技培训和生产服务的满意度中，有 14% 的粮食经营主体对农推办的服务不太满意，有 48% 的人期望能加强农村保险服务，有 56% 的农户期望改进政府的政策信息服务水平。因此，国家应当进一步完善农村金融、政策信息和生产服务，保障粮食经营主体的生产利益。

9.2.4 社会环境与持续种植意愿

（1）国家政策与规模户持续种植意愿

根据数据显示，经常关注国家农业政策的规模经营户有 128 户，其中愿意扩大粮食生产的规模户占 56.25%，不愿意扩大粮食生产的占 43.75%；对国家政策不太关注的有 52 户，愿意扩大粮食生产的规模户占 28.85%，不愿意扩大粮食生产的占 71.15%；不关注国家农业政策的农户有 17 户，愿意扩大粮食生产的规模户占 17.65%，不愿意扩大粮食生产的占 82.35%；是否关注国家农业政策对农户持续种植意愿影响还是较大的

(表9-5)。

表9-5 国家政策与粮食持续种植意愿

	愿意		不愿意	
	频数	占比(%)	频数	占比(%)
经常关注	72	56.25	56	43.75
关注较少	15	28.85	37	71.15
不了解	3	17.65	14	82.35

数据来源：调研数据整理。

(2) 参加合作社与规模户持续种植意愿

在样本数据中愿意参加合作社的规模经营户有154户，有意愿扩大粮食生产的规模户有77户，所占百分比为50.99%，不愿意扩大粮食生产的规模户有74户，所占百分比为49.01%；不打算参加合作社的农户有43户，其中有13户有意愿扩大粮食生产，所占百分比为28.26%，有33户不愿意扩大粮食生产，所占百分比为71.74%。是否参与合作社对农户持续种植意愿有一定影响（表9-6）。

表9-6 参加合作社与粮食持续种植意愿

	愿意		不愿意	
	频数	占比(%)	频数	占比(%)
打算参加	77	50.99	74	49.01
不参加	13	28.26	33	71.74

数据来源：调研数据整理。

(3) 参加农技培训与规模户持续种植意愿

在有效样本中，参加农机培训共有129户，其中表示有意愿持续种植粮食的规模经营户共有77户，所占百分比为59.69%，不愿意持续种植粮食的规模经营户有53户，所占百分比为41.09%；从未参加农机培训的规模经营户有68户，其中有意愿持续种植粮食的规模经营户共有14户，所占百分比为20.59%，不愿意持续种植粮食的规模经营户有54户，所占百分比为79.41%；参加农机培训的规模经营户更有意愿扩大粮食生产（表9-7）。

表 9-7 参加农技培训与粮食持续种植意愿

	愿意		不愿意	
	频数	占比（%）	频数	占比（%）
参加农技培训	77	59.69	53	41.09
没有参加	14	20.59	54	79.41

数据来源：调研数据整理。

9.3 粮食经营主体持续种植意愿影响因素实证分析

9.3.1 模型设定

本研究研究粮食经营主体持续种植意愿情况，模型中的因变量为粮食持续种植意愿的选择行为，分为愿意扩大和不愿意且保持不变。文章运用农户选择模型，通过离散型二元选择模型 Logit 概率模型进行实证研究分析，Logit 概率模型一般采用的是累计概率函数，研究被解释变量 y 与多个因素之间相关性的模型。

$$p_i = F\left(\alpha + \sum_{i=1}^{n}\beta_i X_i\right) = 1/\left(1 + \exp\left[-\left(\alpha + \sum_{i=1}^{n}\beta_i X_i\right)\right]\right) \quad (9.1)$$

式（9.1）中 F 为逻辑分布函数，符合 $F \sim e^x/(1+e^x)$，其中 i 是各粮食经营主体的排序，p_i 为粮食经营主体 i 选择持续种植的概率，m 为影响概率的因素个数，X_i 是影响粮食经营主体持续种植意愿的第 i 个因素，β 为估计参数。对（9.1）进行整理，则有：

$$In\left(\frac{p(y=1\mid X,\beta)}{1-p(y=1\mid X,\beta)}\right) = \beta_0 + \beta_1^* x_1 + \beta_2^* x_2 + \cdots + \beta_{10}^* x_{10} + \varepsilon \quad (9.2)$$

设 y^* 为 y 的连续潜变量且不可观测，则有：

$$y^* = In\left[\frac{p(y=1\mid X,\beta)}{1-p(y=1\mid X,\beta)}\right] \quad (9.3)$$

建立影响种植户种植因素的 Logit 模型：$y^* = \beta_0 + \beta_1^* x_1 + \beta_2^* x_2 + \cdots + \beta_{10}^* x_{10} + \varepsilon$ \quad (9.4)

由式（9.2）可知

$$\frac{p(y=1\mid X,\beta)}{1-p(y=1\mid X,\beta)}=e^{y^*} \tag{9.5}$$

e^{y^*} 是粮食经营主体选择持续种植概率与放弃持续种植概率之比 (9.4)，通过对式 (9.2) 进行 x 的求导，得出：

$$\beta_i=\frac{dIn\frac{p_i}{1-p_i}}{dx_i} \tag{9.6}$$

其中，偏回归系数 β_i（I=1，2，…，m）表示自变量 x_i 每变化一个单位，粮食经营主体的持续种植意愿与放弃持续种植意愿的概率比的自然对数值的变化量。$\exp(\beta_i)$ 为发生比率，当概率小于 0.1 时，发生比率值的大小和发生概率之比是非常接近的，可以近似地认为自变量 x_i 每变化一个单位，粮食经营主体扩大规模的概率与持续种植的概率之比是变化前相应比值的倍数。

9.3.2 变量选取和描述

根据对国内外文献整理可知，影响农户持续种植意愿的因素一般包括家庭特征、生产特征、政策认知情况。

其中家庭特征包括经营主体年龄、受教育年限、家庭收入、劳动力情况等相关因素。持续种植意愿主要由户主决定，经营主体年龄越大，对新事物的接受能力越低，在生产种植中越保守，不会倾向于扩大经营规模；经营主体的受教育年限越久，越愿意去改变种植经营方式，扩大种植规模；同时，家庭收入越高，将会有充足资金购买农业机械和加大生产资料投入，有利于种植行为的变化；家庭劳动力中务农人数较多的有充裕的劳动力资源进行农业作业，从而扩大耕地规模。

生产特征中主要包括粮食生产收益、兼业行为和土地流转行为也会影响粮食经营主体的持续种植意愿。对补贴的、粮食价格和政策支持的满意度也会影响粮食经营主体的持续种植意愿。另外，是否加入合作社、是否参加农技培训等社会环境因素也会影响粮食经营主体的种植决策，农户的种植决策行为同样受农业政策的影响。

本章选取户主年龄、户主受教育年限（学历）、农业劳动力人数、是否存在兼业行为、不同规模类型（土地经营面积）、家庭收入、土地流转、对补贴满意度、对粮食价格满意度、对政策支持满意度、是否加入合作社、是否受过生产培训等全面反映粮食经营主体持续种植意愿的个体特征变量、生产投入相关指标及政策认知等变量（表9-8）。

表9-8 变量说明

变量类型	变量名称	变量含义	赋值及定义	预期相关关系
被解释变量	Y	持续种植意愿	0=不愿意；1=愿意	
家庭特征	X1	户主年龄	具体数值	—
	X2	受教育年限	具体数值	+
	X3	农业劳动力人数	具体数值	+
	X4	农业种植收入	具体数值	+
	X5	是否兼业	1=是；0=否	—
生产特征	X6	是否有流转耕地	1=是；0=否	+
	X7	经营规模	具体数值	+
	X8	对补贴满意度	0=不满意；1=可以接受；2=满意	+
	X9	对粮食价格满意度	0=不满意；1=可以接受；2=满意	+
	X10	对国家政策关注度	0=不了解；1=关注较少；2=经常关注	+
政策认知	X11	是否参加农机培训	1=是；0=否	+
	X12	是否参加合作社	1=是；0=否	+

9.3.3 实证结果分析

表9-9 模型估计结果

变量名称	系数	标准误	z值	显著性水平
年龄	-0.961**	0.51	-1.88	0.060
受教育程度	0.880	1.83	0.48	0.630
劳动力人口	1.291	1.20	1.08	0.279
农业种植收入	1.000*	0.60	1.66	0.097
是否兼业	-0.443*	0.26	-1.68	0.093

(续表)

变量名称	系数	标准误	z值	显著性水平
流转耕地	2.831**	1.20	2.35	0.019
经营规模	0.753	0.57	1.32	0.187
对补贴满意度	0.135***	1.34	4.15	0.000
对粮食价格满意度	1.402	0.03	0.42	0.675
对国家政策的关注度	0.322***	3.34	3.32	0.001
是否参加农机培训	1.074	6.71	0.16	0.871
是否参加合作社	3.675***	1.34	2.74	0.006
常数项	19.849	11.74	1.69	0.091

观测值个数 = 197
显著性水平 = 0.0000
R^2 = 0.2721

注：*、**、***分别表示在10%、5%、1%的水平上统计显著。

通过统计软件Stata对模型进行二元Logit回归得到回归结果，模型有效观测数197个，显著性水平为0，影响粮食经营主体持续种植意愿的影响因素有年龄、兼业化、家庭收入、耕地流转、对补贴的满意度、政策信息来源方式、是否参加合作社，根据模型结果分析如下。

经营主体的年龄对持续种植意愿的影响较为显著，年龄越大不愿意持续种植，其扩大种植规模的意愿较弱，更多的打算保持种植规模不变。随着经营主体年龄的增加，体力相应的减弱，劳动能力降低，而粮食种植需要充沛的体力和精力，处于中年的经营主体生产经验和抗风险能力更高，所以更愿意持续种植经营，而年龄较大者，因为体力不足，且行为趋于保守稳定，不太愿意扩大并承担相应的风险，因此选择保持规模不变的状态，其主动生产积极性逐渐降低，其持续种植意愿降低。

经营户的兼业行为对持续种植意愿显著为负，说明兼业行为会降低粮食持续种植意愿，因为兼业户有其他收入来源，对于是否持续种植并没有特别的需求，农业收入并不是他们主要的收入来源，且有兼业行为的经营主体的主要精力投入了其他种植行为中，因此其持续种植意愿较低。

种植业收入对"扩大"意愿存在显著的正向影响，随着家庭收入中的种植业收入越高，经营主体有充裕的资金进行农业生产投入，粮食经营主体的持续种植意愿越强，反之种植业收入越小越期望保持规模不变。

补贴的满意度对经营主体粮食种植意愿影响显著，其满意度越高，越期望"扩大"，其持续种植意愿更强，也说明经营主体对生产补贴的需求度高。

对于国家农业政策和粮食方面的政策了解情况来说，关注程度越高，越期望"扩大"，其持续种植意愿更强，且通过网络、电视方式来获取政策信息的经营户其种植意愿更强，即信息获取能力越强，粮食的持续种植意愿更强。

加入合作社会有效增强粮食经营主体的持续种植意愿，由于加入合作社的经营主体在粮食生产中有优惠活动，合作社会帮助农户选择优质种苗和提供种植服务，因此促进粮食经营主体生产。

第 10 章　韩国、日本农业经营主体变迁及启示

农业经营主体是指从事农业经营活动的经济组织（张义珍，1998；郭庆海，2013），因其组织效率事关农业发展的全局而备受学界关注。受各国资源禀赋条件和经济发展阶段的影响，农业经营主体有很强的地域性特征（周应恒等，2015）。美国通过土地使用权转让进行资源配置从而实现了规模化、集约化经营的大型家庭农场；欧洲各国通过市场组织行程的农业合作社极大地促进了农业经营主体发展；日本通过土地集中统一进行生产、销售等活动实现小规模家庭规模经营（胡霞，2009、王国华，2011、张丽叶，2017）；而韩国通过"土地归耕者"的土地所有权制度，以合作社和家庭经营为主，实现农业集约化生产经营。

在我国，传统农业不断向现代农业转变，农业经营主体逐渐分化，已由改革初期相对同质性的家庭经营农户占主导的格局向现阶段的多类型经营主体并存的格局转变（黄祖辉等，2010；王国刚等，2017）。培育适宜的农业生产经营主体，已成为解决好"未来谁来种地、种粮"的关键所在（王国刚等，2017）。党的十八大等一系列重要会议明确提出大力培育新型农业经营主体，学界围绕新型农业经营主体开展了大量研究工作，主要涉及发展现状与问题（黄祖辉等，2010；钱克明等，2013）、主要类型及演进趋势（于亢亢等，2012；陈义媛，2013）、发展对策（楼栋等，2013；张照新等，2013）与制度供给（郭庆海，2013）等方面。但有关发达国家农业经营主体变迁方面的系统研究成果并不多。韩国、日本与中国毗邻位，相比欧美发达国家，其资源环境条件、人文状况、农业生产的自然资源禀赋与中国更为相近，在农业现代化发展中同样面临着"人多地少"的问题，农业经营主体的发展都起步于小规模分散的土地上开展家庭生产经营，其农业生产经营主体最终形成了以农业协同组合为主，家

庭农场与农业企业为辅的模式。在农业现代化进程中,韩国、日本通过不断变迁的经营主体适应着和推动着现代农业生产发展,其成功经验值得我国借鉴,可为新型农业经营主体培育提供有益参考。

10.1 韩国农业经营主体变迁

10.1.1 韩国农业经营主体演变过程

综合考虑韩国农业生产经营核心主体的变迁历程及差异性,第二次世界大战后至今可划分为四个阶段。

第一阶段:农户与合作社快速发展期

第二次世界大战后至 20 世纪 50 年代末是韩国经济的成长与发展时期,政府通过农地改革,将非农者的耕地进行国有化收购,再以低价分配给无地或少地农户。此后韩国农业生产体系由过去的地主阶级的佃农耕作转变为以自耕农为主的小农经济体制。为了保证农户的利益以及更好地为农户服务,韩国政府于 1957 年颁布了《农业合作社法》并大量建立农业合作社,该阶段是农业生产为非农产业进行资本积累的时期,由农户组成和创造的农业合作社在韩国各地发挥了重要作用,很大程度上促进了韩国农业部门的发展,国民生产总值的年均增长率为 4.5%,农业生产的年增长率为 0.8%,大部分农业合作社主要在大米、水果、蔬菜、肉类和园艺等行业进行销售和加工,对农村地区的农业供给和金融服务方面也发挥着重要作用。

第二阶段:农业企业成长期

20 世纪 60 年代到 90 年代,家庭农户或专业农户是韩国农业发展的主要经营体。1967 年韩国政府在《农业法》中明确了培育"自立家庭农户"的目标。由于工业化发展,大量农村劳动力进入城市务工,农户数量开始减少,韩国政府为解决劳动力不足问题积极推进农业机械化。农业机械化的发展促进了农业经营主体分化,1967 年颁布的《农业基本法》,把韩国的农业经营体系分为家庭农户和农业协同组合,进行家庭农场和农业协同组合的结构调整。1972 年韩国政府出台《农业协同组合法》,由于初级合作社及农业企业规模显著增长,该时期的服务农民合作能力有所改善,出现了联合营销小组,收集点、仓库以及加工设施快速涌现,产品分销设施不断扩大。此外,零售业也得到了加强,以扩大销售网点,如谷物零售商店，超级市场等。为帮助农民应对市场环境的变化，建立了农产品营销信息中心，并采用市场营销标准，对30个农产品进行了市场化改造。

第三阶段：多元主体并存发展期

20世纪90年代韩国开始正式进行农业结构调整，在1994年修订的《农渔村发展特别措施法》对农业经营体的概念进一步的明确并开始大力推进"先导农业经营体"。为在规模种植、生产技术、销售盈利等各个环节配备不同类型经营主体，韩国政府所投入农民培训经费占教育总资金的82%以上，为农民教育事业的发展提供了充足的资金支持，成为农业发展模式的典范。另外，韩国政府和农业协同组合对其有1年以上农业经营经历并有良好业绩的专业农户、营农组合法人、农业会社法人、有3年以上经历的农业人接班人等农业经营体，对有意搞活农业经营、改善结构的农业经营体提供有关设施现代化的资金，为农业生产经营发展提供资金支援保障。

第四阶段：各类主体协同组合发展

2000年后，在市场自由化和规模化飞速发展的压力下，加入世贸组织后韩国以小农为基础的经营体系无法应对欧美等发达国家的威胁。在20世纪末亚洲金融危机的冲击下，大量劳动力归农归村，韩国政府制定《归农归村对策》，为农业经营者提供咨询服务和农村创业支持。2004年，政府出台农业方面综合调整政策，加大对农业经营者的直接补贴力度。2008—2009年，韩国对农业经营主体进行了全国性的登记普查，在2009年为需要融资和补贴的农业经营者建立生产经营信息库。2014年，韩国政府修订了《农业、农村和食品工业基本法》，对各个市镇区域的农业进行自治要求，通过对各地区的农业生产进行标准化规定管理，对小规模农民组织主体进行重组，使家庭农户、农业企业和农业合作社等多种农业经营主体实现协同发展。

10.1.2 韩国农业经营主体变迁特征及影响效应

（1）家庭农场和专业农户规模不断减少

从国际发展经济来看，人多地少的国家，伴随工业化、城镇化的迅速推进，在比较效益、机会成本等相关约束条件没有质的变化情形下，农户兼业化会愈演愈烈，成为一种普遍的现象。1975—2017年，韩国的专业农户数量逐渐递减，2017年家庭农户的数量为104万户，比1975年的农户总量 228 万户减少了 124 万户人，下降了 53.7%，相比 2016 年减少了 2 万户。随着农户数量的减少，韩国人均耕地面积在逐年增加，由 1975 年农户人均 0.94 公顷，增长至 2017 年的 1.55 公顷。

韩国农村土地规模小，每个家庭拥有的平均耕地面积约为 1.5 公顷，而在这些家庭中，只有 15 万个家庭可以通过耕作而生存。由于年轻和高水平劳动者往往部分或全职从事非农工作，超过 60 万家庭中的农业劳动力年龄在 65 岁以上，他们无法通过耕作而获得足够收入，导致了老年劳动力的过剩。据预测，在未来 10~20 年，韩国的农业人口结构将与其他发达国家相同。据估计，随着 65% 的老龄农户（60 岁以上）退休，大规模农场将会占用他们的农田。同时，由于 60 岁以上的农民占农民总数的 59.2%，届时，韩国的农业活动将会因缺少能够引领农业发展的年轻农民而持续减少（图 10-1）。

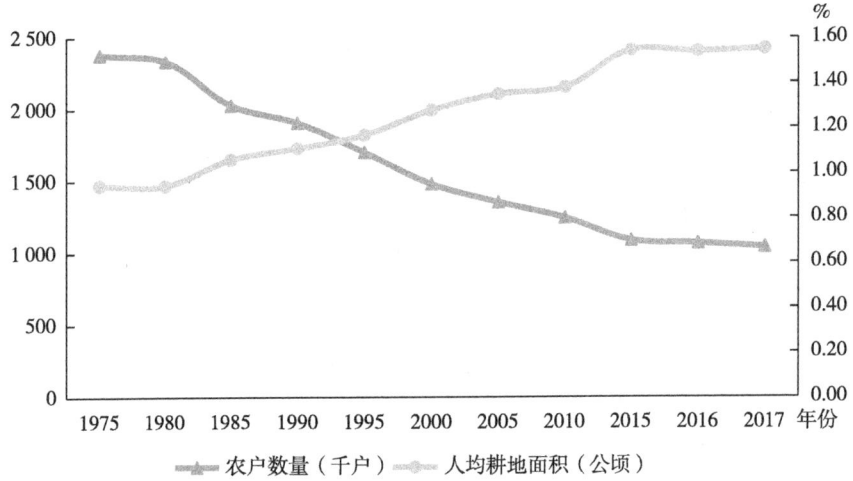

图 10-1　1975—2017 年韩国农户数量与人均耕地趋势

从经营规模来看，小规模家庭经营占了主要地位，其中 70% 的农户耕地面积不到 1 公顷，只有 3.4% 的农户耕地面积超过 5 公顷，平均每户的耕地面积只有 1.17 公顷；但从 1995 年开始，韩国土地规模化逐渐扩大，相比 1995 年耕地面积 5~10 公顷和 10 公顷以上的农户数量逐年上涨。随着小农场数量的增加，大型农场的农业生产比例也在增加。换句话说，农田和牲畜等生产要素逐渐集中在大型农场上。另一方面，许多农户的面积缩小到 0.5 公顷或更小，占整个农户的 42%（图 10-2）。

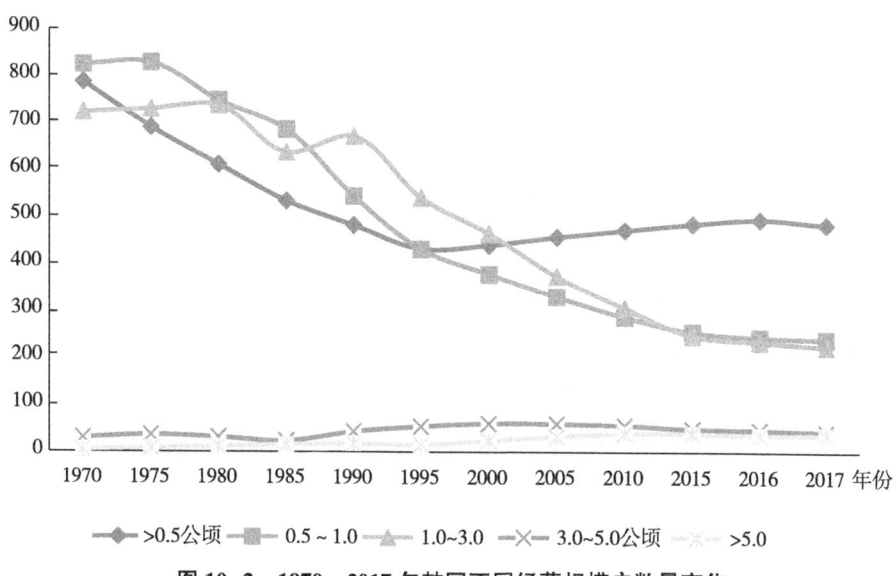

图 10-2 1970—2017 年韩国不同经营规模户数量变化

（2）农业经营呈现专业化与两极化发展

韩国家庭农户类型在不断分化，而兼业农户数量不断递增。农户家庭成员中没有在一年内从事除农业以外的其他职业一个月以上的家庭成员的专业农户数量，由于兼业户的粮食产量比专业农户的低，土地规模小生产投入较少，农业比较效益低，促成兼业户的短期生产行为。兼业农户的比例上升使土地难以集中，大型农业机械不能发挥应有的优势，使农业生产率下降。从 1991 年至 2016 年，专业农业户数占总农户数的 65.7%，2016 年相比 1991 年的专业农户数下降了 37.2%，在 2016 年的专业农户数是 55.9%，也就是说农户兼职经营的比例在不断上升，从 1991 年的 34.2% 上升至 2016 年 44.1%。

尽管兼业农户的收入主要来自非农业生产，但他们仍然享受着农业政策，这也影响了政府对专业农户的激励效果，加重了国家财政的负担。从韩国的经济发展来看，农户兼业化是农业生产力提高和比较效益下降双重作用的结果，也是全社会商品经济发展的必然结果。农户获得择业自由和非农业需求劳动力是其兼业化发展的基本前提。

(3) 农业企业发展速度增快

韩国农业企业是韩国农业组织化经营的一种形式，是韩国现代农业发展的重要力量；韩国农业协会简称农协，正式名称韩国农业协同组合，是韩国的农业自助组织。在韩国拥有农协银行，并在全国各地开设超级市场，售卖国产的农产品。

20 世纪 90 年代以来，随着制度法律的放松与政府政策的支持，农业企业得到快速发展，在家庭农场数量不断减少、合作社数量也在下降的背景下，农业企业这一新型农业经营主体发展中颇具亮色。近 20 年来，韩国政府一直在支持农业企业的发展，2000 年韩国农业企业总数为 323 家，职员数量为 933 人，2000—2014 年，农业企业规模增加了 1 020 家，农业企业的规模不断扩大在快速增长，2014 年农业企业职员总数为 4 781 人，相比 2000 年增长了 3 848 人，比上一年增加了 7.4%；2010—2014 年，韩国农业企业的发展迅速，但企业平均规模较小，企业职工数量少于十位数以下的企业占企业总数的 66%；在 2014 年，公司平均经营面积达 8.0 公顷，每家企业约有工人职员 3.5 人（表 10-1）。

表 10-1　2000—2014 年韩国农业企业经营发展变化

年份	规模（家）	职员数量（千人）	经营面积（公顷）	销售额
2000	323	938	—	272
2005	249	591	4 998	275
2010	468	1 512	5 566	1 334
2014	1 343	4 781	10 745	4 263

(4) 农业合作社占据主导地位

韩国的农业合作社分为区域合作社和商品合作社两类。农业合作社可以通过在受保护的市场上进行简单的价格调整，在收集和销售其成员的产品方面发挥重要作用。但是目前所面临的重大挑战是市场的国际化、组织创新、环境保护和粮食安全等问题，在贸易自由化和全球化的背景下，以其自助理念和成员的参与合作方式作为小农户自我保护的最佳方式之一。因此，农民和农业部门的未来首先取决于他们合作的能力和建立集体行动的制度和适当的团结机制。

为扩大基层农业协同组织的规模，较小的组织开始被合并到代表更大行政区域的市级和县级合作社中。基层合作社从 1968 年的 16 089 家减少到 1973 年的 1 545 家。90 年代后，基层合作社也在不断合并，农协数量从 1990 年的 1 277 家到 2000 年降为 948 家。但近年来，农协组织数量由 2005 年 1 082 家增长至 2014 年 3 220 家，规模和职员数量逐渐增加，农业协同组织为农户提供主要信贷业务，这占其总收入的 69.7%，而销售、购买、零售、加工和其他供销活动仅占 21.5%。农产品专业合作社的信贷业务收入占 42.5%，而供销业务占总业务 54.0%。总体来看，韩国农协和农民关系是组织向会员提供服务的关系，农业协同组织任占据农业生产的主导地位。

表 10-2　2000—2014 年韩国农业协同组织经营发展变化

年份	规模（家）	职员数量（个）	耕地面积（公顷）	销售额
2000	948	2 428	—	1 249
2005	1 082	2 958	11 217	1 905
2010	2 490	6 849	34 578	5 675
2014	3 220	10 262	41 723	8 425

10.2　日本农业经营主体变迁

10.2.1　日本农业经营主体演变过程

日本人多地少特征显著，加之随着日本农业人口高龄化、少子化程度不断加深，日本出现农地撂荒、农业人口锐减、农业生产停滞等困境。为摆脱困境，日本政府通过修订法律、制度改革等一系列措施促进农业发展。在这一过程中，日本农业经营主体发生变化，第二次世界大战后至今可划分为三个阶段。

第一阶段：专业农户家庭经营迅速发展期

以销售农户和家庭经营体为主要形式的家庭经营，是日本农业生产农产品销售的核心力量，承担着维持粮食生产与保障农产品供给的重任。第二次世界大战后日本通过三大改革之一的土地改革，废除了土地的地主所有，确立了以家庭为基本生产经营单位的自耕农体系。随着20世纪六七十年代农地法的多次修订，日本农业生产经营主体专业化程度更加集中。即从事农业经营主体出现以专业农户为主，兼业农户为辅的生产局面，其中1970年兼业农户数最多达到451万户。由于农业补贴政策倾向性的变动，1970年以后，日本的专业农户数量保持基本稳定，但兼业农户的数量出现了大幅下降。促使农地向专业农户集中，一方面提高了农地有效集约利用，另一方面为探索多元农业经营方式奠定了基础。

第二阶段：法人化经营体发展期

在日本政府的支持下，组织经营体取得了快速发展。1992年，日本政府发表的《新食料·农业·农村政策的方向》报告书指出，培育与扶持"农业经营体①"，并推进其法人化。同时，日本不断解除对公司等法人组织从事农业的限制，以及逐步允许以农民为大股东的公司法人进入农业领域，鼓励村落营农，农业经营法人化趋势明显。近年来日本政府多次对《农地法》《农协法》和《公司法》等法律进行修改，农业法人数量快速增长，逐渐成为日本经营体系中一支重要力量。公司等主体拥有先进的生产技术、完善的管理方法与丰富的市场信息，多围绕农作物种植之外的领域，从事"产加销"一体化经营。1996年日本正式设立日本农业法人协会。此阶段日本政策仍坚持在稳定农业家庭经营的基础上，积极促进法人经营的发展。

第三阶段：农业生产联合组织多元发展

农业生产联合组织主要指多个农户或农业法人，就农业生产过程中的某个或多个环节开展共同合作而结成的生产集团，或有组织地从事农业经营或农作业托管服务的组织。日本农协和集落营农组织都是典型的代表。日本农业协会组合（简称农协）在1947年日本国会通过的《农业协会组

---

① 农业经营体至少满足以下3个条件之一：第一，经营耕地面积0.3公顷以上；第二，下列条件之一：蔬菜栽培面积0.15公顷以上，大棚蔬菜栽培面积350平方米以上，果树栽培面积0.1公顷以上，花卉栽培面积0.1公顷以上，大棚花卉栽培面积250平方米以上，饲养奶牛或育肥牛1头以上，饲养生猪15头以上，饲养蛋鸡150只以上，年间肉鸡出栏数1 000只以上，年农产品销售额达到50万日元；第三，从事农业托管服务。

合法》后被正式确立为民间合作经济组织。农协作为日本主要的农业合作组织,按照日本农业基本法,农协是对个别经营起到补充或强化作用的协作组织,其宗旨是为农民服务,而不是赚取利润。因此,日本农协是日本农业经营体系中尤为关键的主体。村落营农组织以农业集落为单位,在村民共同认可并达成协议的情况下,共同地或统一地进行整个或部分环节的农业生产。目前主要有共同利用型、农作业受托型和村落农场型三类形式。该组织具有经济、社会等多种功能。

10.2.2 日本农业经营主体变迁特征及影响效应

日本是一个人多地少的岛国,农业自然资源较为稀缺,但日本通过扩大农户经营规模、提升土地生产率等途径,实现了由传统分散经营的小农经济向集约化和适度规模化的现代农业转变。

(1) 专业农户比例呈现稳步上升态势

日本农户总量和兼业农户数量下降,专业农户比例上升的特征非常明显。2019 年农户总量为 1 130.1 千户,为 2012 的 75.14%,为 2013 年的 77.67%,为 2014 年的 80.06%。在农户总数量减少的同时,日本专业农户比例呈现稳步上升趋势,7 年间专业农户比例提升了近 4.09 个百分点,农户类型分化明显。2012—2019 年间专业农户数量呈现先增后减的倒"V"形。2015 年专业农户数量达到峰值 442.8 千户,主要因为 2015 年前后日本探索施行农业收入保险以及补贴政策向专业农户的倾斜,使得专业农户数量呈现骤增。随着农业专业化程度的提高,兼业农户数量稳步减少。2012—2019 年日本农户总量下降 292 户,下降近 4.1 个百分点。

在日本专业农户是重要生产力量之一。尤其是 2000 年日本农业完全纳入 WTO 体制后,日本为应对国内外廉价农产品的冲击和提高国内农产品的价格竞争力,选定并重点扶持 40 万户发展规模经营,通过定向政府补贴发放对象来扶持专业农户发展。此外农协的组织力量、政府政策与政治保护等多方面外部推力,促使日本专业农户比例呈现上升趋势(表 10-3)。

表 10-3　2012—2019 年日本农户构成情况

年份	专业农户		兼业农户		总计
	数量（千户）	比例（%）	数量（千户）	比例（%）	
2012	423	28.13	1 081	71.88	1 504
2013	415	28.52	1 040	71.48	1 455
2014	406.2	28.78	1 005.5	71.23	1 411.6
2015	442.8	33.30	886.8	66.70	1 329.6
2016	395.3	31.31	867.2	68.69	1 262.5
2017	380.9	31.73	819.4	68.27	1 200.3
2018	375.1	32.22	789	67.78	1 164.1
2019	368.3	32.59	761.8	67.41	1 130.1

资料来源：日本农林水产省农林普查数据，https://www.maff.go.jp/e/data/stat/nenji_index.htm。

耕地分散零碎、人口老龄化严重是日本农业生产的面临的重要问题，也是限制农业规模化现代化生产的重要影响因素。为了缓解农业劳动力兼业化、老龄化趋势，日本鼓励农地向专业农户集中，加强农地有效集约利用。

通过上述分析发现，日本农户的总量呈现下降趋势，但每户平均耕地面积呈现显著的上升趋势。2012—2019 年，日本农户户均耕地面积由 2.07 公顷上升到 2.50 公顷，年均增长率为 3.20%。此外，随着日本农业规模化集约化发展，日本农户借入耕地农户数减少，但户均借入耕地面积却逐年增加，2012—2019 年提升增加 0.48 公顷，增长 32.21%。日本人口众多，耕地面积稀少、土地细碎化严重，为避免因土地分散而阻碍农业发展，日本政府大力鼓励农田租赁、作业委托和农地向专业农户集中，促进土地经营权的流转，实现了农业的集约化规模化经营（表 10-4）。

表 10-4　日本耕地平均经营面积

年份	耕地		借入耕地	
	实际农户数（千户）	平均耕地面积（公顷）	实际农户数（千户）	平均耕地面积（公顷）
2012	1 500	2.07	537	1.49

(续表)

年份	耕地		借入耕地	
	实际农户数（千户）	平均耕地面积（公顷）	实际农户数（千户）	平均耕地面积（公顷）
2013	1 452	2.12	526	1.57
2014	1 408.5	2.17	513.9	1.63
2015	—	—	482.6	1.62
2016	1 257.7	2.35	468.4	1.81
2017	1 197.2	2.41	457.9	1.87
2018	1 161.5	2.46	453.0	1.91
2019	1 127.3	2.50	444.9	1.97

资料来源：日本农林水产省农林普查数据，https://www.maff.go.jp/e/data/stat/nenji_index.htm。

（2）家庭经营体所占比例逐渐下降，组织经营体法人化趋势增强

2019年日本农业经营数量为118.88万个，比2005年减少82.06万个，减少了40.84%。其中家庭经营体115.28万个，比2005年减少了82.85万个，而组织经营体基本保持增加态势。即农业经营体的构成发生变化。与农户数量减少趋势相一致，家庭经营体的经营规模在扩大的同时，数量在缓慢地减少，而组织经营体数量在增加，并且法人化趋势增强。

在日本政府的支持下，组织经营体取得了快速发展。近年来，随着政府不断解除对公司等法人组织从事农业的限制，组织经营体呈现多元化发展。2005—2019年，15年间组织经营体数量呈现波动增长趋势，由2005年的2 018个增加到2019年的3.60万个，年均增长率为1.79%。从内部构成来看，有法人资格的经营体数量增加与无法人资格的经营体减少几乎同步进行，提高了法人经营的比例。尤为突出的是，农事组合法人和公司的数量持续增长。从2005年到2019年，农事组合法人数量增加了5 900家，公司数量也以6.14%的年均增长率增加。这说明，近年来日本农业经营法人化趋势明显，而法人化农业经营的扩张主要依靠公司和农事组合法人数量的增加（表10-5）。

表 10-5 日本农业经营体发展情况

年份	农业经营体 合计 [(1)+(2)]	家庭经营体 小计 (1)	组织经营体 合计 (2)	法人化 小计	农事组合法人	公司	各种团体	其他法人	非法人化
2005	200.94	198.13	2.81	1.39	0.20	0.63	0.51	0.05	1.42
2010	167.91	164.81	3.10	1.71	0.36	0.89	0.41	0.05	1.39
2011	161.76	158.61	3.15	1.78	0.39	0.90	0.42	0.07	1.38
2012	156.39	153.27	3.12	1.78	0.42	0.92	0.38	0.06	1.34
2013	151.41	148.24	3.17	1.82	0.45	0.94	0.37	0.06	1.34
2014	147.12	143.91	3.21	1.89	0.49	0.96	0.36	0.07	1.32
2015	137.32	134.00	3.32	2.32	0.62	1.27	0.34	0.09	1.00
2016	131.84	128.44	3.40	2.38	0.62	1.35	0.32	0.10	1.02
2017	125.80	122.31	3.49	2.48	0.71	1.37	0.30	0.10	1.02
2018	122.05	118.50	3.55	2.55	0.76	1.41	0.28	0.10	1.00
2019	118.88	115.28	3.60	2.61	0.79	1.45	0.27	0.10	0.99

资料来源：日本农林水产省农林普查数据，https://www.maff.go.jp/e/data/stat/nenji_index.htm。

(3) 土地流转加速，耕地逐渐向组织经营体集中

从经营规模来看，2019年农业经营体的经营耕地总面积为353.16万公顷，比2011年减少10.36万公顷。经营耕地中的2019年流转面积135.46万公顷，比2011年多流入耕地22.43万公顷，增长了19.84%。平均而言，2019年每个农业经营主体的经营面积为2.97公顷，比2011年增加了0.7公顷，年均增长率为3.42%。

此外，2019年组织经营体的经营耕地面积为70.90万公顷，比2011年增加了23.05万公顷，增长了32.51%。2019年，组织经营体流转耕地48.02万公顷，比2011年增加了14.04万公顷。从土地流转的角度来看，2019年组织经营体流转耕地面积占经营总面积的67.73%，远高于农业经营体38.36%的水平。每个组织经营体的平均经营面积为19.69公顷，虽低于2011年的25.15公顷，但仍远远高于农业经营体的平均水平。由此

可知，农业经营体经营规模逐渐扩大，土地流转成为主要手段。其中，组织经营体规模集中趋势尤为明显，并逐渐成为土地流转的主力（表10-6）。

表10-6 日本农业经营体耕地面积情况

	年份	有耕地的经营体数（万个）	经营耕地面积（万公顷）	流转面积（万公顷）	平均每个经营体耕地面积（公顷）
农业经营体	2011	159.87	363.52	113.03	2.27
	2012	154.76	359.56	113.76	2.32
	2013	149.88	358.51	117.87	2.39
	2014	145.64	357.48	120.87	2.45
	2015	137.73	345.14	116.41	2.51
	2016	131.84	356.48	124.38	2.70
	2017	125.80	357.35	132.49	2.84
	2018	122.05	359.30	133.63	2.94
	2019	118.88	353.16	135.46	2.97
组织经营体	2011	1.91	47.85	33.98	25.12
	2012	1.94	48.46	33.67	24.95
	2013	2.04	50.28	35.45	24.65
	2014	2.11	51.98	36.84	24.63
	2015	3.20	53.40	39.51	16.69
	2016	3.40	60.65	-	17.84
	2017	3.49	68.28	46.82	19.56
	2018	3.55	73.64	47.10	20.74
	2019	3.60	70.90	48.02	19.69

资料来源：日本农林水产省农林普查数据，https://www.maff.go.jp/e/data/stat/nenji_index.htm。

（4）农协和集落营农经营数量略微下降，但服务功能增强

农协是日本规模最大、实力最强并且农户参与最多的农业生产联合组织。在日本农业发展过程中，农协作为农民的合作组织，在提供生产生活

服务，带动农民增收方面发挥了积极作用。与此同时，大量从事分散经营的兼业农户也构成了日本农协的组织基础。但在农协保护下兼业农户越来越与市场脱节，一定程度上阻碍了农地规模化与集约化经营，甚至减弱了农业发展活力。在国际国内多重压力之下，日本农协不得不开启新一轮改革。对此日本开启了主要包括废除农协中央会制度、JA全农公司化改制、单位综合农协专业化、业务转型等内容的"60年一遇的改革"。农协数量由2013年的2 653个减少到2019年的1 964个，2013—2019年日本综合农协由738个下降到649个（图10-3）。

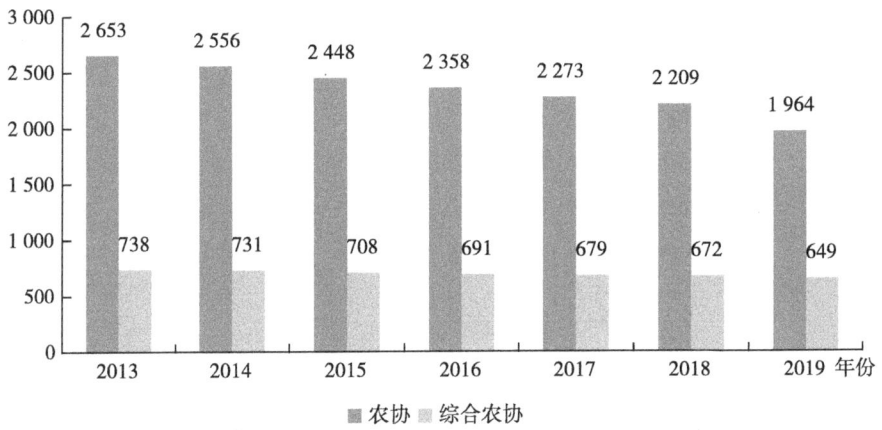

图10-3　2013—2019年日本农协和综合农协数量

在日本农业发展过程中，集落营农组织服务功能逐渐凸显。在对农协改革过程中，日本政府逐渐加大对其他类型农业联合组织的支持力度。2016年到2019年集落营农组织数量呈现略微下降趋势。其中按收入情况划分加入集落营农的农业合作社由2016年的10 550个下降到10 433个，减少率为1.11%，未加入集落营农的农业合作社2016—2019年减少了368个。从经营面积来看，2019年有48.26%的集落营农组织经营耕地面积（包括托管服务面积）在20公顷以上。从经营内容来看，有80.63%的集落营农组织拥有机械或提供农机服务，77.51%的集落营农组织提供农产品生产销售服务，43.47%的集落营农组织提供农药喷洒、收割服务，56.85%的集落营农组织提供耕地集中或村落范围内的土地调整服务。由此可知，集落营农组织在地域农业支持，尤其是为中小农户服务等方面发挥着积极作用（表10-7）。

表10-7　2016—2019年日本集落营农构成情况

年份	加入集落营农	未加入集落营农	总计
2016	10 550	4 584	15 134
2017	10 807	4 329	15 136
2018	10 793	4 318	15 111
2019	10 433	4 516	14 949

资料来源：日本农林水产省农林普查数据，https://www.maff.go.jp/e/data/stat/nenji_index.htm。

10.3　日韩农业经营主体的变迁对我国的经验启示

农业是国民经济发展的基础。实现传统农业向现代农业转型，需要解决的问题是系列性、系统性的，既受可耕地面积的立地条件、气候土壤条件的制约，也受农业经营生产主体的综合素质、国际国内市场和消费水平的限制。韩国、日本半个多世纪农业经营主体的变迁历程对我们有如下启示。

10.3.1　立法保护是培育壮大农业经营主体的根本

从20世纪50年代起，韩国持续不断地以立法方式，对脆弱的农业生产以立法方式予以保持和支持，对农业生产渐成气候，实现从传统农业向现代农业转型发展起到了积极作用。从韩国、日本的立地条件来看，农业生产的各项要素较之西方农业发展国家，明显不足，发展现代农业，走集约化生产之路显得尤为迫切。两国通过分阶段适时出台各项法律法规，扶持和保护农业产业和农业经营主体，在政府层面为农业现代化发展搭建了阶梯和平台。我国可进一步完善农民社会保障体制，建立农地流出和流入双方的差别性财政补贴和支援制度，以保护小农户与农业经营主体双方的权益。此外，通过对规模化农业经营体的农业政策倾斜，逐渐打造农业经营的中坚力量。

10.3.2 集约生产规模经营是农业经营主体的出路

集约生产规模化经营是世界各国农业现代化的必由之路。韩国通过集约化生产规模化经营推动了市场的发育生成，改造提升了农业传统化生产方式。农业合作社的竞相壮大、专业农场和龙头企业的蓬勃发展，渔农协作模式的融合发展，为农业现代化体系的形成和现代化大生产的展开奠定了良好的基础。集约生产规模经营再辅以标准化规范，韩国虽小，仍在国际国内市场找到找准了自身的定位，稳定了国内市场，打开了国际市场。土地流转是集约化规模经营的前提。农业经营主体若要实现规模效益，首先就要解决"地从哪里来的问题"。此时，政府应当着力解决土地流转问题，制定合理的土地流转政策，进而实现农业集约化生产。此外，日本制定"骨干农户""青年务农学堂"和"骨干农户补贴"等政策推动土地迅速向认定农业者集中，加快了农地有效集约利用。

10.3.3 技能素质提升是培育新型经营主体的前提

发展壮大现代农业离不开新型经营主体。建立在传统农业经营方式之上的农业经营主体——农民的小农思想需要转变、素质技能需要提升。各国在农业现代化进程中着力提升农业生产者技能。如韩国建立多层次、全覆盖的新型农业经营主体经营者技能素质提升计划，培养了一批又一批一代又一代生产型、带动型、中介型、销售型的新型经营主体。日本为了缓解农业劳动力兼业化、老龄化趋势，鼓励农地向"骨干农户"集中，设立了认定农业者制度，大力扶持专业农户发展。重视农业经营者能力培养，并确保农业生产者收入的稳定。经营者本身直接决定新型农业经营主体的未来。因此，对经营者的培训和培养尤为重要，需要着力提高他们的专业素质和科技文化水平，对他们进行动物疫病防控、农产品安全生产培训等。

10.3.4 创新农业经营方式是农业经营主体持续发展的基石

发展现代农业缺少稳定的经营主体队伍，是不可持续的。韩国为有效解决人口老龄化带来的劳动力不足问题，着力推动城乡融合发展。一方面，鼓励和支持兼职农民享受农业补贴政策，稳定这部分人的经营主体地位。另一方面,积极推动各类经营主体,投身农业经营主战场,参与合作经营组织,兴办农业龙头企业,推动城乡融合发展,增强农业生产活力,较好地稳定了农业生产经营队伍,有效破解了农村劳动力不足难题。根据日本农业经营主体发展的经验可知,一是转变农业生产方式,充分利用先进的农业技术将传统农业生产方式向绿色农业生产转型。二是继续扩大特色农业种植面积和产业化经营,发展农产品精品化。三是与乡村振兴战略等结合,通过产业联动、技术渗透、体制创新等方式,实现三产融合发展。

10.3.5 完善的社会化服务体系是农业经营主体持续发展的支撑

健全的社会化服务体系能够有效地促进农业经营主体的发展。传统的农业管理方式已不再适用规模化种植,且我国社会化服务供给相对不足,社会化服务提体系不够完善。农业经营主体尤其是农民需要社会化服务的辅助,才能更好地专注于管理和经营。从国外农业经营主体发展的经验来看,农业经营主体的发展,离不开当地完善的社会化服务提供的农业生产产前、产中、产后的各项服务,确实提升专业领域的社会服务化水平。如日本的农协。完善的社会化服务体系应当包括要素市场建设、基础设施建设、金融信贷服务、科技信息服务等多个各方面,为农业经营主体提供强力支撑。此外,适当引导社会资本投资农业应做好社会化服务,鼓励社会资本投向订单农业、电子商务农业、生态农业、第三方物流等新型农业服务领域。

10.3.6 创新农业经营组织形式是农业经营主体发展的动力

在政府的支持下,各类农业经营体之间的联合与合作不断深化,形成了共同利用组织、集体栽培组织及托管服务组织多种类型的农业生产联合组织。这些农业生产联合组织拥有明确的行动计划和发展规划,对内可以相互调剂余缺、发挥信息优势,激活各个经营主体的活力;对外可以联合开发,提高市场竞争力。这些生产组织还具有灵活性强、适应性广等特征,可以满足兼业农户、副业农户的生产需求。借鉴韩日经验,加之我国各类农业经营主体具有成员相似性、服务趋同性、对象一致性等特点,且各主体间联系愈发紧密。因此,我国应当积极鼓励各类农业经营主体之间的联合与合作，探索培育多种类型的农业生产联合组织。诸如"龙头企业＋合作社＋农户""龙头企业＋家庭农场＋农户""合作社＋家庭农场＋农户"等组织形式。

我国是传统农业大国，发展现代农业经历了漫长而艰难的探索，新时期，尽快补足补齐农业现代化这块短板，增强抗击国际市场风险，牢牢把粮食安全抓在国人自己手中，显得尤为迫切和必要。韩国、日本的经验和启示在于，实现农业现代化必须破除传统的自给自足的小农思想，建立与农业现代化大生产市场体系相配套的经营理念；发挥政府的引导和助推作用，着力解决市场自发行为的不足与短板；破解人口老龄化带来的生产力不足和可耕地"碎片化"集约利用不足的矛盾；激发、保护和调动新型经营主体的主动协调性和创造性，实现融合发展。此外，我国应注重农业经营主体立法，通过法律的形式保持政策的稳定性和引导性，为实现农业规模化经营提供良好的政策环境和促进农业经营主体向市场法人化转变，进而整体提升我国农业发展环境和农业市场竞争力。

第 11 章 政策建议

11.1 推进土地流转和适度规模经营

重视耕地资源价值和使用价值的统一，加快推进农村土地特别是耕地资源价值和市场化改革势在必行，加强土地流转与参加合作社的正向影响，各区域制定并完善土地流转制度和规模化改革，引导农村土地向新型经营主体有序流转，鼓励经营主体发展适度规模经营。一是在稳定家庭联产承包责任制的基础上尽快通过立法和修订相应的法律法规来实现土地使用权流转的规范化和法律化。建立农村土地转让、租借的中介机构，并在价格和税收等方面制定优惠的政策来促进农村土地的转包和租赁，从而推动土地的流转和适度规模经营。二是建立健全城乡一体化的社会保障制度，解决农民的后顾之忧。通过城乡一体化社会保障制度的建立和完善，为失业者提供基本生活保障，为老年农民提供养老金，消除农民在养老、医疗等方面的后顾之忧，鼓励他们转租自己的土地，以此促进土地向专业大户和家庭农场等新型农业经营主体集中，形成土地的规模化经营。

11.2 深入落实"藏粮于地、藏粮于技"战略

保障粮食安全关键在于落实"藏粮于地、藏粮于技"战略，稳步提升我国粮食综合生产能力，夯实国家粮食安全基础。一是坚定不移地抓好高标准农田建设及综合配套工程。粮食生产根本在耕地。习近平总书记指出，坚定不移抓好高标准农田建设，提高建设标准和质量，真正实现旱涝保收、高产稳产。耕地是粮食生产的命根子，要在粮食生产功能区和重要农产品生产保护区优先建设高标准农田，推行土、水、林、路、电等综合配套建设，确保有地可种，保证耕地决不能非农化、非粮化。二是加快构建适应高产、优质、

高效、生态、安全农业发展要求的科技支撑体系。粮食生产出路在科技。在耕地、水等资源约束日益强化的背景下,实现粮食增产增效还要靠科技助力。要按照增产增效并重、良种良法配套、农机农艺结合、生产生态协调的原则,促进农业技术集成化、劳动过程机械化、生产经营信息化;要着力抓好新品种、新技术、新机具的推广应用,转变农业发展方式,不断提高农业质量效益和竞争力,实现粮食安全和现代高效农业相统一。

11.3 培养适应新时代的新型粮食生产经营主体

培养造就新型职业农民队伍,是解决"谁来种地"问题的基础性、战略性工作,要积极推进新型职业农民培育和农村实用人才培养。一是加大财政对联户经营、专业大户、家庭农场等新型农业经营主体农业生产经营活动的直接补贴,增强新型农业生产经营主体生产经营活动的造血功能;二是通过税收优惠、费用减免、财政贴息以及信贷优惠等方式扶持联户经营、专业大户、家庭农场等新型农业经营主体,引导农户开展联合与合作经营,以创新农业生产经营的组织形式。三是提高新型经营主体范带动能力。培养一批爱农业懂市场善经营会管理的新型经营主体,带动成员开展连片种植,加强粮食等重要农产品初加工、仓储物流、技术指导、市场营销等关键环节能力建设,延伸产业链条,拓宽服务领域,不断提升经营主体的示范带动能力。

11.4 统筹调整粮食产业区域布局

一是在粮食生产与加工环节合理调整产业布局。在确保粮食主产区稳定供给的同时,还应当保证销区达到一定程度的粮食自给率,并防范粮食安全风险。促进"南猪北养"模式的发展,以减轻"北粮南运"的压力,规避饲料粮的流通风险。二是对粮食区域储备布局进行调整。从粮食战略储备方针和西部大开发政策的角度,考虑可以在中国西部主要粮食产区扩大部分国家储备粮库。同时,考虑到我国东南沿海地区人员密集、经济发达、粮食需求量大、交通便捷,其相应粮食的流通性也较强,所以进一步在粮食主要销售地区投资建设独立专用粮库是可取的,以便在紧急情况下与中央储备形成两轮驱动,保障供给安全。三是合理布局区域性国家重要农产品应急保供基地,提高粮食供给效率。以粮食主产区、核心区、粮食生产功能区为重点,加快建设国家粮食安全产业带,合理布局区域性国家重要农产品应急保供基地,增强应对重大突发事件的能力。

11.5 完善补贴保障与风险防控政策措施

农业是弱质产业,粮食生产常常面临自然灾害和市场波动的双重风险。从我国基本国情农情出发,加强政府对农业的支持保护,完善扶持粮食生产的政策体系。一是加强农业政策补贴的指向性和针对性。完善政策补贴配套措施,加大农业技术推广,降低生产成本,减少经营主体的农业生产压力。为真正有意愿、有能力持续种植规模的粮食经营主体,提供更积极、更有针对性的支持政策,其政策支持补贴对象应从偏重普惠补贴逐步转向普惠制与新型经营主体特惠制补贴相结合,最大化发挥政府补贴效力,提高经营主体的种植积极性。二是未来在强化粮食补贴政策体系的同时,也要兼顾建立综合性收入补贴,对种粮农民的收入进行补偿,加强对机械作业、肥料、种苗补贴,降低种植成本来巩固"收入路径依赖型"粮食经营主体的种粮意愿与积极性。三是健全完善各类风险防控的体系保障措施,在重大自然灾害发生、市场需求出现重大波动等情况下,使粮食经营主体的损失能够得到及时保全。

11.6 完善国内外粮食监测预警体系建设

一是建立健全国内粮食全产业链数据监测统计制度,利用遥感、大数据、智慧农业等现代信息技术和管理手段,抓好生产、消费、库存、贸易、价格、成本六大核心数据采集及数据分析工作。通过监测动态、评估风险、准确预警、预防危机,建立国家粮食安全的"预警机""防火墙"和"灭火器",为保障国家粮食安全核心利益和经济安全提供可靠支撑。二是完善国际粮食市场的监测预警体系,加强对主要粮食生产国生产变化、贸易政策等要素的实时动态监控,尤其在全球新冠肺炎疫情暴发下,要密切关注国际粮食贸易流量流向以及航运状况等变化,谨防一些国家采取粮食出口禁令对我国粮食安全尤其是饲料粮安全造成冲击。

参考文献

北京市信访矛盾分析研究中心"改革开放四十年化解社会矛盾经验研究"课题组,2019. 改革开放四十年农村人口流动及部分农村空心化问题的应对之策 [J]. 信访与社会矛盾问题研究(1):80-91.

曹慧,秦富,2006. 集体林区农户技术效率及其影响因素分析——以江西省遂川县为例 [J]. 中国农村经济(7):63-71.

柴玲,2017. 黑龙江省水稻种植户生产行为及影响因素研究 [D]. 哈尔滨:东北农业大学.

陈超,沈荣海,展进涛,2014. 农户兼业视角下的水稻生产行为及效率研究——以苏北地区水稻种植户为例 [J]. 江苏农业科学,05:404-407.

陈聪,梁流涛,2018. 基于农户视角的农业可发展评价——以河南省粮食生产核心区为例 [J]. 地域研究与开发,37(2):128-132.

陈来柏,2017. 大豆种植户生产行为及种植意愿实证研究 [D]. 南京:南京财经大学.

陈晓华,2014. 大力培育新型农业经营主体——在中国农业经济学会年会上的致辞 [J]. 农业经济问题,35(1):4-7.

陈秧分,王国刚,孙炜琳,2018. 乡村振兴战略中的农业地位与农业发展 [J]. 理论参考(4):59-62.

陈义媛,2013. 资本主义式家庭农场的兴起与农业经营主体分化的再思考——以水稻生产为例 [J]. 开放时代(4):137-156.

陈钰,杨清,2017. 农户玉米种植意愿及影响因素分析——基于临泽县平川镇163个制种户的调查与分析 [J]. 发展(4):44-45+54.

邓宗兵,封永刚,张俊亮,等,2013. 中国粮食生产空间布局变迁的特征分析 [J]. 经济地理,33(5):117-123.

丁冬,郑风田,彭军,等,2014.国外新型农业经营主体发展经验及其对我国的启示[J].现代管理科学(6):12-14.

丁关良,2011.土地承包经营权流转制度法律问题研究[J].农业经济问题(3):7-14.

丁声俊,2021.对大变局下构建粮食"双循环"新格局的思考[J].中州学刊(1):39-45.

董鸿鹏,吕杰,周艳波,2007.农户技术选择行为的影响因素分析[J].农业经济,08:60-61.

董雪娇,汤惠君,2015.国内外农地规模经营述评[J].中国农业资源与区划,36(03):62-71.

杜学振,刘玉梅,白人朴,2010.东亚土地经营规模变化对我国的启示——以日本、韩国和我国台湾地区为例[J].农机化研究,32(3):15-17.

杜鹰,2020.中国的粮食安全战略(下)[J].农村工作通讯(22):17-21.

冯维江,2019.保障国家粮食安全是一个永恒课题[J].人民论坛(32):20-21.

冯晓杰,冯晓霞,2018.新型农业经营主体发展现状及对策建议——以山东省为例[J].现代经济信息(15):496.

干洁,吴连翠,2019.惠农政策背景下主销区种粮大户的粮食生产行为研究——以浙江省为例[J].中国集体经济(09):90-92.

高建凯,2013.中国15个主产省区玉米生产技术效率研究[J].西部论坛,06:69-75.

高鸣,宋洪远,2014.粮食生产技术效率的空间收敛及功能区差异——兼论技术扩散的空间涟漪效应[J].管理世界,07:83-92.

高强,刘同山,孔祥智,2013.经营主体的制度解析:特征、发生机制与效应[J].经济学家(06):48-56.

高珊,2020.粮食规模经营主体结构调整意愿及影响因素——以江苏省为例[J].土地经济研究(02):115-127.

郭佳楠,张全景,吕晓,2016.山东省粮食生产变化及其影响因素的灰色关联分析[J].青岛农业大学学报(自然科学版),33(04):237-241.

郭庆海, 2013. 新型农业经营主体功能定位及成长的制度供给 [J]. 中国农村经济 (04): 4-11.

韩曙平, 王国茹, 苏静, 2018. 粮食种植农户土地规模经营的效应分析——基于江苏 13 市 2015 年小麦生产的调查数据 [J]. 陕西农业科学, 64 (01): 73-77.

何可, 宋洪远, 2021. 资源环境约束下的中国粮食安全: 内涵、挑战与政策取向 [J]. 南京农业大学学报 (社会科学版),(3): 45-57.

洪名勇, 林梦婷, 2017. 新型农业经营主体融资矛盾问题研究 [J]. 中国集体经济 (9): 72-73.

胡文峰, 2012. 农民种粮成本与收益呈现"三高一低"态势——基于安阳的调查 [J]. 中国国情国力, 04: 34-36.

胡逸文, 霍学喜, 2016. 农户禀赋对粮食生产技术效率的影响分析——基于河南农户粮食生产数据的实证 [J]. 经济经纬, 33 (2): 42-47.

黄季焜, 2021. 对近期与中长期中国粮食安全的再认识 [J]. 农业经济问题 (1): 19-26.

黄新建, 姜睿清, 付传明, 2013. 以经营主体为主体的土地适度规模经营研究 [J]. 求实 (6): 94-96.

黄新建, 2013. 以家庭农场为主体的土地适度规模经营研究 [J]. 三农问题研究 (3): 52-56.

姜长云, 2015. 农户分化对粮食生产和种植行为选择的影响及政策思考 [J]. 理论探讨 (1): 69-74.

蒋和平, 尧珏, 蒋黎, 2020. 新时期我国粮食安全保障的发展思路与政策建议 [J]. 经济学家 (1): 110-118.

孔祥智, 2016. 农业供给侧结构性改革的基本内涵与政策建议 [J]. 改革 (2): 104-115.

李明杰, 王国刚, 张红日, 2018. 山东省县域粮食生产格局演变及其影响因素 [J]. 农业现代化研究, 39 (2): 248-255.

李明贤, 樊英, 2013. 粮食主产区农民素质及其种粮意愿分析——基于 6 个粮食主产省 457 户农户的调查 [J]. 中国农村经济 (6): 27-37.

李士森, 2019. 基于风险管控的种植业保险绩效评价研究 [D]. 北京：中国农业大学．

李先德，孙志陆，贾伟，等，2020. 新冠肺炎疫情对全球农产品市场与贸易的影响及对策建议［J］. 农业经济问题（8）：4-11.

李轩复，黄东，武拉平，2019. 不同规模农户粮食收获环节损失研究——基于全国 28 省份 3251 个农户的实证分析［J］. 中国软科学（8）：184-192.

刘成武，黄利民，2015. 农地边际化过程中农户土地利用行为变化及其对粮食生产的影响［J］. 地理研究，34（12）：2268-2282.

刘鹏凌，李乾，栾敬东，等，2015. 种植大户成立新型农业经营组织的动因分析——基于安徽省桐城市的调研［J］. 农业技术经济（12）：52-59.

刘旭，2013. 新时期我国粮食安全战略研究的思考［J］. 中国农业科技导报，1：1-6.

刘玉，高秉博，潘瑜春，等，2013. 基于 LMDI 模型的黄淮海地区县域粮食生产影响因素分解［J］. 农业工程学报，29（21）：1-10.

楼栋，孔祥智，2013. 新型农业经营主体的多维发展形式和现实观照［J］. 改革（2）：65-77.

芦千文，2020. "十四五"时期农业农村优先发展的重要意义、主要任务和措施选择——"十四五"规划与农业农村优先发展研讨会暨第十五届全国社科农经协作网络大会会议综述［J］. 中国农村经济（1）：132-143.

罗光强，张磊，2017. 社会成本视角下粮食规模经营补贴政策优化策略研究［J］. 经济纵横（8）：94-98.

骆乐，2015. 从国外农业经济 DEA 的应用谈我国家庭农场经营效益评价［J］. 安徽农业科学，43（1）：360-362.

马若兮，杨宗耀，纪月清，2021. 新型经营主体引领小农户粮食增产了吗？——对不同规模新型经营主体影响异质性的考察［J］. 江苏农业科学，49（16）：240-245.

马晓春，宋莉莉，李贺明，2013. "九连增"背景下中国粮食生产展望［J］. 农业展望，8：39-41，47.

孟莉娟，2015. 美国、日本、韩国家庭农场发展经验与启示［J］. 世界农业（12）：184-188.

闵锐,李谷成,2013.可持续发展视角下粮食生产技术效率的实证研究——基于湖北省县域面板数据与序列DEA的观察[J].湖北大学学报(哲学社会科学版),39(6):46-51.

倪国华,周昊,2019.我国三大主粮的分区域布局与供给曲线分析[J].山西农业大学学报(社会科学版),18(2):1-8.

欧进锋,2020.我国农产品价格调控政策演变及存在问题分析[J].中国市场(20):63-64.

潘伟光,徐晖,郑靖吉,2013.韩国农业现代化进程中农业经营主体的发展及启示[J].世界农业(9):44-49.

彭超,刘合光,2020."十四五"时期的农业农村现代化:形势、问题与对策[J].改革(2):20-29.

钱克明,彭廷军,2013.关于现代农业经营主体的调研报告[J].农业经济问题,34(6):4-7,110.

孙娜,薛选登,孔会敏,2021.粮食经营主体种植行为及种植意愿研究——基于河南省14个地市的调研[J].内蒙古科技与经济(4):23-24.

唐轲,王建英,陈志钢,2017.农户耕地经营规模对粮食单产和生产成本的影响——基于跨时期和地区的实证研究[J].管理世界(5):79-91.

佟光霁,周伦政,2021.双循环背景下我国粮食安全:现状、挑战及保障路径[J].学术交流(1):97-108,191-192.

汪发元,2014.中外新型农业经营主体发展现状比较及政策建议[J].农业经济问题(10):26-32,110.

汪恭礼,2021.中国粮食生产面临的困境及高质量发展路径[J].西华师范大学学报(哲学社会科学版)(3):11-18.

王春来,2014.发展经营主体的三个关键问题探讨[J].农业经济问题,35(1):43-48.

王国刚,刘合光,钱静斐,等,2017.中国农业生产经营主体变迁及其影响效应[J].地理研究,36(6):1081-1090.

王济民,2014.粮食安全的挑战与应对[J].中国农业信息(5):8-9.

王晶,熊然,安蒙龙,2014.国外家庭农场发展与农业生产经营制度对垦区的借鉴与启示 [J]. 农场经济管理（6）：8-10.

王拓, 王丛博, 2016. 粮食主产区农户实施农业标准化生产意愿的实证分析——基于黑龙江省种植业农户的调查数据 [J]. 学习与探索（9）：107-111.

王文龙, 2017. 中国农业经营主体培育政策反思及其调整建议 [J]. 经济学家, 1（1）：55-61.

王晓君, 何亚萍, 蒋和平, 2020. "十四五"时期的我国粮食安全：形势、问题与对策 [J]. 改革（9）：27-39.

王亚坤, 王慧军, 杨振立, 2016. 我国谷子种植户持续种植意愿的影响因素研究 [J]. 中国农业资源与区划, 37（02）：96-102.

文长存, 2017. 农户高价值农产品生产经营行为实证研究 [D]. 北京：中国农业科学院.

谢颜, 李文明, 2014. 韩国、波兰农业现代化发展模式比较研究与借鉴 [J]. 世界农业（11）：130-133.

宿桂红, 常春水, 2014. 基于SFA的吉林省粮食生产技术效率实证分析 [J]. 吉林农业科技学院学报, 23（03）：69-72.

薛龙, 刘旗, 2013. 河南省粮食生产综合技术效率和全要素生产率分析 [J]. 河南农业大学学报, 47（3）：345-350.

杨培, 张楠, 王磊, 等, 2016. 中外新型农业经营主体对比及思考 [J]. 中国农业信息（2）：54-57.

叶兴庆, 2021. 迈向2035年的中国乡村：愿景、挑战与策略 [J]. 管理世界, 37（4）：98-112.

尹朝静, 李谷成, 葛静芳, 2016. 粮食安全：气候变化与粮食生产率增长——基于HP滤波和序列DEA方法的实证分析 [J]. 资源科学, 38（4）：665-675.

虞洪, 2016. 种粮主体行为变化对粮食安全的影响及对策研究 [D]. 成都：西南财经大学.

张朝华, 2019. 南方家庭农场经营类型、效率异质及其影响因素——基于Bootstrap的估计 [J]. 暨南学报（哲学社会科学版）, 41（10）：62-78.

张亨明, 章皓月, 朱庆生, 2021. "双循环"新发展格局下我国粮食安全隐忧及其消解方略 [J]. 改革（9）：134-144.

张红宇，张海阳，李伟毅，等，2015. 中国特色农业现代化：目标定位与改革创新［J］. 中国农村经济（1）：4-13.

张红宇，2015. 新型农业经营主体发展趋势研究［J］. 经济与管理评论（1）：104-109.

张红宇，2021. 牢牢掌握粮食安全主动权［J］. 农业经济问题（1）：14-18.

张丽叶，2017. 欧美亚农业发达国家新型农业经营主体发展趋势及启示［J］. 世界农业（11）：90-96.

张学彪，2018. 中国小农户经营规模变迁与生产效率研究［D］. 北京：中国农业科学院.

张应良，文婷，2020. 现金直补对不同规模种粮大户经营规模的影响有差异吗［J］. 农业经济问题（8）：54-67.

张勇翔，王国刚，韩成吉，等，2021. 不同规模经营主体粮食生产效率差异及成因——基于局部前沿效率的实证分析［J］. 四川农业大学学报，39（2）：260-266.

赵佳，姜长云，2015. 家庭农场的资源配置、运行绩效分析与政策建议——基于与普通农户比较［J］. 农村经济（3）：18-21.

赵晓峰，赵祥云，2016. 农地规模经营与农村社会阶层结构重塑——兼论新型农业经营主体培育的社会学命题［J］. 中国农村观察（6）：55-66，85，96.

中国气象局气候变化中心，2020. 中国气候变化蓝皮书（2020）［M］. 北京：科学出版社.

钟甫宁，陆五一，徐志刚，2016. 农村劳动力外出务工不利于粮食生产吗？——对农户要素替代与种植结构调整行为及约束条件的解析［J］. 中国农村经济（7）：36-47.

周娟，2015. 韩国农业危机及其启示［J］. 农业经济问题，36（3）：93-100+112.

周应恒，胡凌啸，严斌剑，2015. 农业经营主体和经营规模演化的国际经验分析［J］. 中国农村经济（9）：80-95.

周忠丽，夏英，2014. 国外"家庭农场"发展探析［J］. 广东农业科学，41（5）：22-25.

朱晶，李天祥，林大燕，等，2013. "九连增"后的思考：粮食内部结构调整的贡献及未来潜力分析 [J]. 农业经济问题, 11: 36-43.

朱启臻, 胡鹏辉, 许汉泽, 2014. 论经营主体: 优势、条件与规模 [J]. 农业经济问题, 35 (7): 11-17+110.

朱晓雨, 石淑芹, 石英, 2014. 农户行为对耕地质量与粮食生产影响的研究进展 [J]. 中国人口.资源与环境, 24 (S3): 304-309.

NUTHALL P L, OLD K M, 2017. Will future land based food and fibre production be in family or corporate hands? An analysis of farm land ownership and governance considering farmer characteristics as choice drivers. The New Zealand case [J]. Land Use Policy, 63: 98-110.